추임새를 부탁해

문화예술기획자의 두텁고 느린 성장기

추임새를 부탁해
문화예술기획자의 두텁고 느린 성장기

지은이　최선영

펴낸날　2024년 2월 28일 초판 1쇄 발행
펴낸곳　스튜디오네버다이
등록　제25100-2024-000005호
전자우편　studio.nvrd@gmail.com
인쇄　금비피앤피

ⓒ2024. 최선영. All rights reserved.
ISBN　979-11-986347-9-5 (93600)

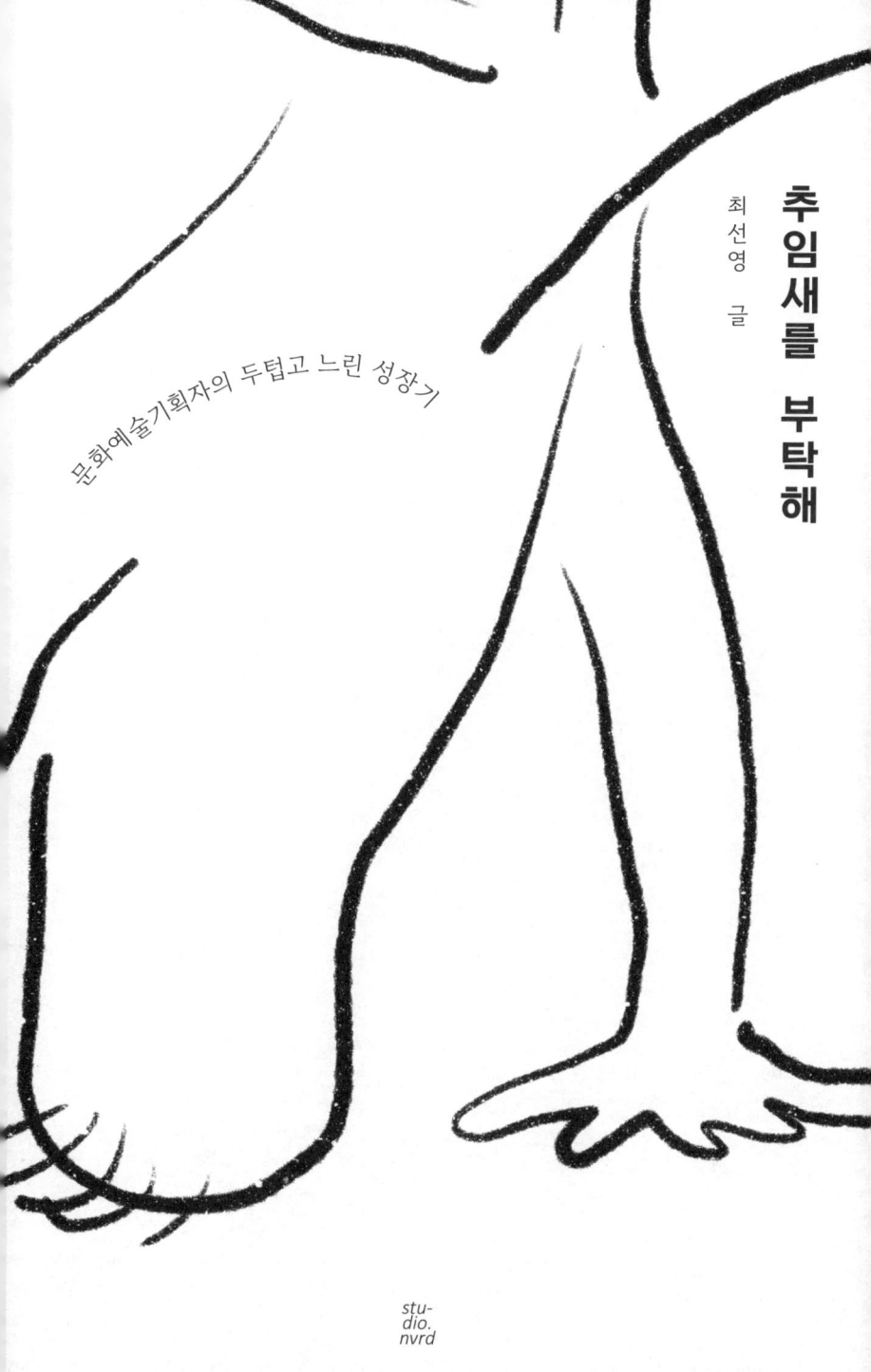

추임새를 부탁해

최선영 글

문화예술기획자의 두텁고 느린 성장기

stu-
dio.
nvrd

프롤로그

쉬운 방법을 찾는 사람들에게 계속 어려워지는 세계로 가보자고 하고 있다. 문화예술 분야에서 '기획'이라 불리는 작업을 주로 단기적인 활동으로 하며. 현실 속에서 기획은 결국 사업이나 프로그램, 프로젝트를 만들어 짧게 실행해 보는 경우가 많기 때문이다. 심지어 그 일에 관여된 사람들의 불안과 압박감이 커지면 나는 서로를 안심시키기 위한 정제된 언어들을 빠르게 내뱉거나 문서화하기도 한다. 그런 시간이 16년째 흘러가고 있다.

그런데 나는 날 선 일기를 쓰는 걸 좋아하고 작은 현상에 대해 느리게 생각해 나의 언어를 찾아가는 과정에 성취감을 얻는다. 그 과정에서 어떤 경험이나 정서는 말이 되기도 하고 안 되기도 한다. 주로 말이 되는 것들을 건져 올려 사업으로 구체화하는 것이 타인에게 '기획'으로 해석된다. 하지만 나는 말이 될 수 없거나 그럴 필요가 없는 것까지도 끌어안으며 살아가는 것 자체가 기획의 시작이자 전부라고 생각한다. 그래야 내가 기획이라는 의미 안팎에서 나로 자연스럽게 살아있을 수 있기 때문이다. 나는 기획을 하는 사람으로만 존재하는 것이 아니라 기획'도' 하며 살아가는 사람이기 때문이다.

요즘 문화예술 분야의 여러 '일'들을 하면서 그것이 타인에게 내 활동의 전부로 인식되는 순간이 많아졌는데 그러한 현상도 부자연스럽게 여겨졌다. 창작이나 기획과 관련된 강의나 글쓰기를 할 때 내가 살아온 이야기나 요즘의 일상을 다소 장황하게 꺼내놓는 것도 그 이유에서다. 미술대학 4학년 시절, 지금의 배우자인 이반장(이 책에서는 그를 이렇게 부르고 싶다)과 불쑥 데려온 강아지 한 마리로 인해, 내가 얼마나 뒤뚱거리며 살 수 있게 되었는지, 어떤 순간에는 그것을 얼마나 외면하고 싶었는지를 이야기하는 것에서부터 지금의 활동을 설명할 수 있는 것처럼.

개개인의 삶이 이렇게 제각각인데 다양성이 중요한 문화예술 분야에서 왜 개별화된 삶의 경험은 활동의 토대로 잘 드러나지 않는지 의아하기도 하다. 개인의 서사를 들여다보면 잘 되지 않는 것, 변하기 어려운 것, 받아들여야 하는 것들이 더 많이 보이는데 문화나 예술이라는 말은 모호하고 아름답게 많은 것들을 감싸 안을 때에 더 쉽게 사용된다. 심지어 문화나 예술이 사회문제를 해결할 수 있다고도 한다. 오, 마이 갓. 난 그것에 동의하지 않는, 정리가 덜 된 글쓰기를 혼자 해왔는데 문득 그것을 꺼내놓고 싶어졌다. 내가 던지는 말들의 공이 안전한 지대를 바라는 누군가의 욕망, 아니 불안에 비스듬하게라도 가 닿기를. 철벽같은 불안에 그 말들이 부스스 미끄러지더라도 일단 공은 던져봐야겠다. 미끄러지는 말들을 충분히 볼 수 있게 된다면 다음의 액션은 그때 생각해 보리라.

프로젝트 기획서를 쓰고 모니터링 보고서를 쓰고 다음 주 행사는 너무 걱정하지 말라는 메시지를 보내는 와중에, 이 책을 쓰기 시작한다. 문화예술 분야의 창작자 겸 기획자(결국 프리랜서이자 자영업자)가 공식적 활동의 토대가 되었던 삶의 흔적을 꺼내어. 하지만 한 분야에서의 성장, 안정화를 향한, 쉬워지기 위한 방법이 아니라 계속 질문이 생기는 상황의 의미를 이야기하고 싶다. 그래서 오히려 안정적으로 보였던 활동의 시기를 벗어나는 순간부터 이야기는 시작된다. 불확정적인 미래를 인정하며 나에게도 사건이 되는 선택을 해봤던 과정이 과연 문화적, 예술적이기도 한지 스스로 되묻고 싶기도 하다. 문화나 예술을 다루는 누군가의 뒷면, 아니 일상에는 얕은 욕심도 있고 작은 생명도 있고 애매한 마음도 있고 어쩔 수 없는 선택도 있는데 그건 지금 내가 쓰고 있는 기획서의 내용보다 더 재미있고도 끈질기기 때문이다.

앞으로 살아가는 것에 대해서도, 기획이든 창작이든 해나간다는 것에 대해서도 나는 계속 어려워질 것이 자명하다. '그럼에도'가 아니라 '그러니까' 지금 당신의 추임새를 부탁한다. 잠깐! 내가 세상의 또렷한 박자를 잘 맞출 수 있게 크고 정확한 박자를 저 멀리서 세어달라는 의미는 아니다. 나의 살아감을 바라보며 상냥하고 친절한 응원의 메시지를 보내달라는 것도 아니다. 멋지다, 용기가 있다, 특이하다 같은 감탄사도 추임새는 되지 못한다. 나는 나대로 살아가겠다. 나의 이야기에서 한 걸음 한 걸음 살아있는 리듬이 느껴진다면 바로 그때 당신도 당신의 자리에서 하루하루를 살아내 주길. 각자가 자신의 모양대로 살아갈 때 그 푸드덕거리는 움직임이 서로에게도 추임새가 될 것이다. 그래서 제각각 달리고 멈추고 움츠러들었다가도 끊임없이 만날 수 있기를. 더욱 낯선 추임새의 모양과 속도와 울림도 그리며.

일러두기

이 책에는 여러 날의 일기가 담겨 있다. 먼 과거에 쓴 긴 일기부터 최근 3년 동안 쓴 짧은 일기, 그리고 올해(2024년) 쓴 일기까지. 여러 일기들은 과거와 현재를 오가며 이야기를 만든다.

차례

프롤로그　　4

1. 내일도 모르는데　　15
2. 이름 없는 세계를 향해　　49
3. 유구리라는 동네 안에서　　63
4. 낯설고 긴 놀이, 복많네　　101
5. 유구리라는 세계에 기대어　　151
6. 그때 가봐서 아니면　　175
7. 나에게, 지금이라는 세계를　　207

등장하는 식구들

이반장

2005년에 만난 사람.
강아지 포함 식구들이
그의 곁에 붙어있으려고 한다.

봉식이

2006년에 만난 강아지.
점박이 엉덩이를 씰룩거리며
계단을 내려가는 뒷모습이
매력적이다.

복많이

2008년에 만난 강아지.
특별히 나서지도 나대지도 않지만
간식은 제일 많이 얻어 먹는다.

이창하

2011년에 태어난 아들.
다른 동네에 가면
햄버거와 오락실 투어를
즐긴다.

봉우리

2013년에 만난 강아지.
다른 아이들이
사방팔방 뛰어다닐 때
조용히 소꿉놀이하듯
산책을 한다.

귀봉이

2014년에 만난 강아지.
눈치는 없지만
애는 착하다.

당근이

2021년에 만난 강아지.
기다란 몸으로
태평하게 누워
고개만 들고
인사를 한다.

호박이

2021년에 만난 강아지.
로봇 같은 자세로 앉아 있다가
갑자기 눈을 희번덕거리며
물건을 모은다.

복숭이

2022년에 식구가 된 강아지.
꼬리 끝까지 힘을 주고
집을 지키다가도
손님이 오면 얼어버린다.

1. 내일도 모르는데

2010년 1월 15일

정확히 1년 전, 유독 일기를 많이 썼다. 이리저리 핑계의 수사학을 연마했던 그 문장들 사이로 돈벌이를 잠시 멈춘 우리 부부가 보인다. 3개월만 작업(창작)에 집중하겠다는 이반장과 그래그래 한번 해봐 그래 놓고 여기저기 이력서를 써봤던 내가 그곳에 있다. 작업을 새로이 시작해 보려는 이반장과 작업을 계속 해도 되나 망설였던 내가 그곳에 분명히 있다. 그리고 기회라는 게 우리에게 올까 밤마다 잠꼬대 같은 꿈만 꾸던 우리가 지금, 여전히 돈벌이를 잠시 멈춘 상태로 여기에 있다.

미술대학 졸업 후 3년을 함께 버텼다. 말도 안 되는 통장 잔금을 들고 결혼 생활을 시작했다. 대충 먹고 대충 자더라도 하고 싶은 걸 하는데 에너지를 더 쏟자는 것이 우리 결혼의 중요한 이유였다. 둘이기에 더욱 용감해져, 아무도 봐주지 않는 작업을 서로 칭찬하며 지방 대안공간까지 모조리 포트폴리오를 냈다. 1년 내내 하나라도 되겠지 했지만 하나도 되지 않았다. 돈이 필요했고 더 많이 필요했다. 그냥 먹고 살기 위해 혹은 작업을 위해.

하지만 재미로 본 사주에서처럼 나와 이반장의 2009

년 후반부에는 갑자기 생긴 기회들이 꼬리에 꼬리를 물고 이어졌다. 둘 다 새로운 작업의 기회들을 찾았고 다른 장르의 예술가들을 만났다. 나는 이사 후 잠시 짐 정리를 미뤄야 할 정도로 바빴다. 지난 연말, 내 몸은 그 동안의 스케줄을 이기지 못하고 중요한 작업 며칠 전 장염을 앓았다. 하지만 입원실에서 링거를 맞는 나는 행복했다. 경력 몇 줄이 뭐 그리 중요하냐 했었지만 1년 사이 몇 줄 늘어난 그 경력이 우릴 웃게 만드는 건 사실이었다.

내일도 모르면서 청춘남녀가 만나 살림 잘하는 나와 돈 잘 버는 이반장이 되지 않도록 애쓴 덕에. 덤비고 기다리고 욱하고 맞장구치며 각자의 시작을 찾는데 에너지를 쏟아부을 수 있었다. 애매하게 남아있던 집안 살림을 모른척한 보람이 거기에 있다고 해두자.

새벽 2시, 내일의 출근이 없음을 걱정하지 않는 그냥 두 사람이 여기 있다. 우린 단지 결혼 후 김치부침개 반죽을 잘 하는 내가 되고 그 부침개를 잘 뒤집는 이반장이 되었다. 풀썩. 이반장의 뒤집기 묘기에 나는 환호를 한다. "그렇게 좋아?" 묻는 이반장이, 지금이, 나는 그렇게 좋다.

2010년 11월 16일

누군가 나에게 이반장과의 만남이 운명인 것 같으냐고 물었다. 25살, 남들보다 이른 나이에 결혼을 한 나는 비슷한 질문을 많이 받는다. 나는 운명인지는 모르겠고 별 탈 없이 지낸다고, 나와 더 잘 맞는 또 다른 누군가가 어딘가에서 살고 있을지도 모른다고 답한다.

운명적 만남? 만남은 운명적이라는 말로는 표현하기 힘들 만큼 의미심장하다.

결혼 생활은 아침에 일어나 이반장이든 나든 누군가를 위한 밥을 짓는 것부터 막 벗어 던진 옷들을 방에 둘지 베란다에 둘지 같이 이야기하는 것까지 아주 매우 엄청나게 소소하고도 다양하다. 우리들의 옷들이 똑같이 베란다 빨랫대에 널려 있다면 우리 관계가 운명적인 것일까? 생활은 현실적인 대화와 침묵 속에서 충돌하고 섞이고 빗겨나가고 인정하는 온갖 것들의 총집합이다. 이를 어찌 운명 따위와 연결 지을 수 있단 말인가.

나는 이반장과 정말 별 탈 없이 지낸다. 잘 지낼 때도 있고 그렇지 않을 때도 있다. 잘 지내지 않는 순간도 우리의 결혼 생활에 간간이 살아 숨 쉰다는 것은 얼마나 건강한 일인가. 그 순간이 닥쳤을 때는 울화통이 치밀어도 우리는 그것을 견디지 못해 서로에게 나만 봐 달라 소리치지 않고 적당히 인정하며 살고 있다. 별 탈 없이 지낸다는 것은 그런 것이고 그래서 매우 쉽지 않은 일이다. 그래서 서로 다른 삶의 역사를 가진 우리는 된장찌개의 레시피부터 커튼의 패턴까지 맞추기보다 공유하며 살아가는 것이 더 현명하다고 판단할 때가 적지 않다.

얼마 전, 새벽 4시쯤 이반장이 괜찮은 소파가 버려져 있다며 가져오자고 했다. 아니, 가져와도 되냐고 나의 승낙을 구했다. 나는 소파의 상태를 확인한 후 동의했다. 새벽 5시, 우리는 새로 들어온 소파 덕에 거실과 안방의 가구를 재배치했다. 꼼꼼한 이반장은 소파를 알코올로 닦아내고 뜯어진 부분을 바늘로 꿰맸다.

함께 새벽 4시에 깨어있을 수 있는 생활 패턴, 버려진 소파지만 쓸 만하다면 내 집에 들이는 것도 나쁘지 않다는 가치관, 어떤 일에 대한 최종 판단을 혼자 해버리지 않는 한 사람의 태도, 새벽 5시에 집안 가구를 옮기는 것에 에너지를 쏟아도 괜찮다는 생각 등이 소파를 옮겨 놓는 일을 별 탈 없게 해줬다. 그리고 버려진 것을 자주 주워 오는 이반장에게 잔소리를 하면서도 '그래, 니 맘대로 해라' 하게 된 나와, '바느질은 못해' 하는 나를 보고 장모님에게 이르겠다고 하며 그냥 자기가 해버리는 이반장이 그 중심에 있다.

하루는 강아지들을 집에 두고 나갔다 왔는데 소파의 앉는 부분이 뜯겨있었다. 나는 펄펄 나는 강아지 두 마리를 나란히 놓고 건강하다며 끌어안았고 이반장은 담요를 접어 소파 위를 가렸다. 뜯긴 소파에 대한 우리의 대처 자세는 그래서 커다란 소파만큼이나 서로에게 편안하다. 바느질 투성이 소파 옆에 놓여있는 주워 온 흔들의자, 이반장이 만든 테이블, 이사 올 때 모든 가구를 포기하고 선택한 TV, 그리고 강아지들이 좋아하기에 던져놓은 패트병 두어 개도 그렇게 그렇게 편안하다.

2010년 12월 10일

사람이 걷고 있는 곳이 아닌 걷기 편한 곳만 길일까. 아파트 근처 판판한 포장길 위로 이른 점심을 끝낸 사람들이 걷고 있다. 그리고 그 아래 쫄쫄쫄 흐르는 개천 옆으로 나와 우리 강아지들이 걷고 있다. 여기도 길이 있다. 산책하기 참 좋은 곳인데 사람이 없다. 사실은 그래서 더 산책하기 좋다. 겨울을 버텨내고 있는 잡초들이 사이좋게 엉켜있다. 강아지들은 잡초에게 따끈따끈한 거름을 준다. 냄새가 푸근하다. 참 건강한 녀석. 나는 풀숲을 삐져나온 똥들을 봉지에 담는다. 아주 잠깐 두 손으로 쥐어보기에 좋다. 금세 식어버리지만 그래도 싱싱한 손난로.

 이반장이 지방에 간지 며칠째. 나는 혼자 산책을 해야 했기에 평소와 달리 밝은 대낮에 이곳엘 나왔다. 낮엔 이 좋은 곳도 붐비겠다 걱정했는데 이상하게도 사람들은 저 위 포장길에서 내려오질 않는다. "출동!" 나는 한껏 기대에 부푼 강아지의 목줄을 풀며 소리친다. 산책만 4년째. 이놈들은 정말 온 힘을 다해 출동을 한다. 별거 없는 '작전'을 좋아하는 녀석. 나도 덩달아 목표 없는 작전에 동참한다. 인적 드문 길 위에서 혹시나 나타날 사람을 신경써야 하는 긴장감과 함께. 거대한 아파트 단지 사이에서 사람을 만나지 않는 것은 쉽지 않은 일이지만 그 많은 사람들은 모두 무슨 작전을 수행하러 갔는지 이 조용한 개천가 근처에는 잘 나타나지 않는다. 게다가 쌀쌀한 날씨 덕에 더욱 우리의 작전이 수월하다. 이 날씨에 만원 버스를 타고 작전지로 향하는 이들은 많이 부지런해야 할게다.

나에게도 하달된 임무들이 있다. 하지만 그것들 중 "꼭 해야 하는 것"과 "꼭 해야 한다고 여겨지는 것"을 구분하는 것은 나의 몫이다. 그리고 "정말 하고 싶은 것"과 "정말 하기 싫은 것"을 인정하는 것이 내가 정말로 "꼭 해야 하는 것"이다. 그래서 나의 작전을 펼치려고 이곳에 나온 것이기도 하다. 몸을 움직여 눈앞에 일들을 처리하기 전에 내 눈이 솔직한 건강함을 지닐 수 있도록 조용한 산책을 시켜주어야 한다. 지나간 가요를 흥얼거리며 강아지 똥을 줍고 앞으로 걷다 뒤로 걷다 다시 앞으로 걸으며 두리번거림을 잊지 않는. "워!" 이유 없는 추임새로 강아지를 흥분시키고 뻥 뚫린 하늘도 잠시 보며. 절대 달리지 않는 이 느린 산책은 그렇게 나의 오후를 바쁘게 채운다.

임신 6주가 막 지났다. 5주째에 알았다. 각자의 작전에 섬세한 열정을 쏟기로 했던 이반장과 나의 결혼 생활에 예상치 못한 생명이 솟아나고 있다. 그리고 갑자기 생긴 입덧에 그것이 유별나지 않음에도 얼떨떨해진 나는 더 자주 더 길게 산책을 하게 되었다. 이놈들 오늘 한 번 지칠 대로 뛰어봐라, 나는 이를 악물고 강아지들을 데리고 밖으로 나오기도 한다. 여유로워 보이는 산책길 위에서 사실 내 마음은 많이 바쁘다.

내년에 하고 싶었던 작업들이 있었다. 그 동안 찍은 사진과 쓴 글들을 정리해 내 손으로 책을 만들고 싶었다. 마음이 통하는 사람들과 오래전부터 준비한 공연도 넉 달 앞에 다가와 있었다. 아예 할 수 없게 된 것은 아니지만 부른 배를 잡고 용을 쓰기에는 임산부에게 무리인 것도 분명 있다. 책상 앞에 앉아 천천히 생각을 진전시키기보다 유머 넘치는 텔레비전 앞에서 입덧을 잊고 깔깔 웃는 게 편하다. 하루 아침에 달라진 입맛과 게을러진 오후가 '나'만 향해있던 생활의 이곳저곳을 어수선하게 만들었다. 좋고도 또 좋은 일이지만 이상한 이 기분은 긴 산책 사이에서 어떻게 정리되길 바라고 있다.

많은 사람들이 그들의 임무를 수행해 자신과 가족의 따뜻한 밥상을 차리는 사이 나는 그 덕에 비어있는 어떤 길 위에서 심호흡을 가다듬는다. 흡흡 호호 벌써부터 아기 낳는 연습을 하는 것 같기도 하고. 헤헤 히히 아직

2cm도 안 된 아가의 꿈틀거림을 기대하고 있는 것 같기도 하고. 그리고 "출동!" 새롭지 않은 길 위에서지만 새로운 작전을 짜본다. 정말 걷기 편한 곳만 길은 아닐거야. 나는 나의 호흡으로 발을 내딛는다.

강아지는 벅찬 출동 이후 벌써 큰일을 해낸다. 풀냄새를 많이 맡은 고놈의 덩어리는 오늘도 건강하다.

2011년 9월 7일

안방 이불 위에 다섯 가족이 모여있다. 마치 몇 년 전 원룸에 살던 때처럼. 그때보다 식구가 한 명 늘긴 했지만. 강아지 두 마리는 우리 부부가 가는 곳마다 쫓아다니기에 내 옆 이불 속에서 자고 있다. 우리 가족은 (곰팡이와 우풍은 어마어마하지만) 꽤 넓은 집에 전세로 살고 있다. 복지제도의 혜택을 받아 그렇게 되었다. 그러나 언제나 이렇게 좁은 공간에 모여있게 된다. 생후 2개월이 채 되지 않은 아들은 내 품에, 평생 막내를 하고 싶은 복많이는 아빠 품에, 화장실도 쫓아오는 봉식이는 우리 발밑에 있다. 가끔은 넓은 집을 제대로 활용하지 못하는 우리 가족이 재미있기도 하다. 우리는 각자의 공간을 넉넉하게 쓰기보다 좁게라도 함께 한순간을 보내는 것에 더 큰 행복을 느끼는 것 같다.

그런데 이 행복의 시작에는 돈, 작업, 혹은 우리 부부의 특별한 관계보다 더 앞서는 봉식이의 존재가 있다. 사람들은 사실 덩치도 크고 먹기도 많이 먹고 격하게 사람을 좋아하는 봉식이에 비해 귀여운 아들과 복많이에게 더 많은 관심을 가지지만 그런 광경을 뚱그런 눈으로 바라보고 있는 봉식이의 역할은 우리 집에서 굉장히 크다.

　이반장과 풋풋한 캠퍼스 커플로 지내던 시절, 졸업작품전을 한 달 앞두고 우연히 들른 동물병원에서 봉식이를 만났다. 강아지들 구경만 하기로 했던 우리는 다른 강아지들에 비해 유난히 낑낑거리며 우리에게 말을 거는 봉식이, 아니 그 당시 '해피'를 그냥 두고 오지 못해 그자리에서 분양 절차를 밟았다. 몇십만 원씩 하는 다른 강아지들에 비해 예방 접종비만 내면 분양이 가능했던 봉식이였지만 그 유난스러운 성격 때문인지 인기가 많지 않은 듯했다. 하지만 얌전한 강아지보다 개성 넘치는 강아지를 선호하던 우리는 다음 날 봉식이를 집에 혼자 두고 학교에 갈 걱정도 하지 못하고 덜컥 그 녀석과의 생활을 시작했다.

　당연히 우리는 학교 수업을 온전히 들을 수 없었다. 둘이 번갈아 가며 수업을 빠지기도 하고 벽에 똥칠을 하는 어린 봉식이 때문에 실기 수업이 있는 날에는 학교에 봉식이를 데리고 가기도 했다. 이반장은 당시엔 비교적 작았던 봉식이를 가방에 넣어 지하철과 버스를 타고 학교를 다녔다. 대학 친구들은 학교 실기실에서 오줌을 싸고 길거리를 지그재그로 뛰어다니던 봉식이의 안부를 종종 묻곤 한다.

그리고 대학 졸업 후 1년 반 만에 우리는 결혼을 했다. 나는 그 결혼의 중심에도 봉식이가 있었다고 생각한다. 사실 봉식이가 아니었으면 우리는 진작에 헤어졌을 것이다. 다른 커플들처럼 다투기도 했고 그때마다 서로에 대한 격한 감정은 쉽게 식지 않았지만 사실 둘 다 봉식이에 대한 애정은 변함이 없었기 때문이다. 그래서 자연스럽게 봉식이를 매개로 화해도 하고 나는 단지 봉식이가 보고 싶어 매일 같이 우리 집과 이반장 집을 오갔다. 어쩌면 내가 결혼을 선택한 데에는 이반장과 함께 살면서 하고 싶은 것을 하고 살자는 의지만큼이나 봉식이를 매일 끌어안고 옥상에서 햇볕을 쬐고 싶은 희망도 컸을지 모른다. 이반장 집에 있으면 여유로운 시간은 물론 봉식이와의 소소한 놀이도 만끽할 수 있었기 때문이다. 그런 작은 순간들이 얼마나 내 생각의 무게를 덜어주는지 그때 처음 알았다.

우리는 결혼 후에 많은 작업의 기회를 얻었고 더더욱 고집스럽게 작업만 했다. 봉식이만큼 매력적인 친구 한 마리를 더 데리고 왔고 그 즐거움도 더욱 풍성해졌다. 바쁘게 각자의 일을 하는 우리에게 아무렇지 않은 표정으로 물그릇을 긁으며 물을 달라 하고 화장실에서 볼 일을 보고 있는 내게 공을 물어와 툭 내려놓으며 어서 던져달라고 꼬리치는 봉식이 덕에, 넉넉하지 않은 우리 부부의 삶은 언제나 모자람이 없었다. 그리고 무엇보다 매일 새벽에 그 녀석들을 위해 나가는 산책은 우리에게 소중한 대화 시간을 마련해주었다. 눈이 너무 많이 와서 발이 꽁꽁 얼어붙을 정도의 날씨여도 우리는 어김없이 산책을 나갔다. 같은 산책길이 계절마다 다른 모습으로 변하는 과정도 함께 보았다. 봉식이는 비 온 다음 날엔 물구덩이를 첨벙거리며 좋아했고 개천이 두껍게 언 날에는 그 위를 미끄러지며 좋아했다. 어떤 날은 흥분을 가라앉히지 못하고 개울물에 뛰어들기도 했고 특유의 후각 능력을 발휘해 풀숲에 버려진 축구공을 찾아와 차 달라고 조르기도 했다. 우리는 이런저런 일들로 지치고 실망해도 강아지들과의 새벽 산책으로 다시금 웃곤 했다. 그리고 그 힘으로 여러 작업을 했다.

그리고 지난해 말 나는 임신을 했다. 임산부는 더 부지런히 걸어야 한다는 의사의 조언에 따라 여기저기를 많이도 돌아다녔다. 하지만 새벽 산책만큼 즐거운 시간은 없었다. 현실적으로 여자 혼자 겪어야 하는 임신의 과정을 일부라도 이반장과 공유할 수 있었기 때문이다. 어디가 어떻게 아픈지 아기가 얼마나 몸속에서 움직이는지 어떤 젖병을 준비해 둬야 하는지 우리는 산책을 하며 이야기했고 강아지들은 그 주변을 신나게 뛰어다녔다.

그리고 얼마 전 아기가 태어났다. 병원에 입원해 있는 동안 나는 얼른 집으로 돌아가 강아지들과 아기와의 동거를 시작하고 싶었다.

그렇게 지금의 우리 다섯 식구가 한 이불 위에 모여있는 것이다.

우리 부부의 삶의 역사에서 봉식이는 중심에 서 있다. 자신이 그것을 잘 알지 못하고 그것에 생색낼 줄도 모르며 여전히 똥그런 눈으로 공이나 물어다 주고 있기에 더더욱 고맙다. 아기가 태어나면서 덜 놀아주게 되는 것 같아 미안하기도 하다. 하루에 서너 번 "봉식이, 손!" 이런 놀이라도 해주는 게 그 녀석에게는 참 큰 일일 텐데.

언젠가 우리 부부가 아주 멋진 작업을 하게 되는 순간이 온다면, 혹은 우리 아기가 아주 마음이 넉넉한 사람이 된다면, 혹은 우리 가족 모두가 죽는 순간에 내 삶이 참 괜찮았다 생각하게 된다면 그 역시도 봉식이가 있었기 때문일 것이다. 우리를 졸업작품 제작에 덜 집중하게 해줬던 것처럼 봉식이는 계속 다른 선택으로 삶의 순간들을 이끌었으니까.

봉식이는 오늘도 별로 움직이지 않고 우리 삶의 역사를 같이 쓴다. 물그릇을 긁고 인형을 물고 도망가고 방귀를

꾸며 아주 중요한 자신의 역할을 해내면서.

2024년 XX월 XX일

나는 미대 졸업 후 같은 학교, 같은 학과를 다닌 이반장과 25살에 결혼을 했고 그때부터 10년 가까이 경기도 고양시에 살았다. 부모님 집에서 나와야 하고 싶은 걸 하고 싶은 방식으로 할 수 있겠다는 생각이 들어서 24살부터 부모님께 결혼을 하겠다고 말했다. 이반장이 살던 원룸에 들어가 같이 살면 되겠다고 생각했고 월세 30만원을 같이 내면서 작업을 하면 더욱 효율적일 수 있겠다고 생각했다. 어쨌든 내 기준에서 결혼에 필요한 조건은 모두 충족되는 상황이었다. 결혼식이나 신혼여행은 필요 없다고 생각했지만 결혼은 그렇게 한 두 명만의 뜻대로 되는 것이 아니었다.

결혼 후 3년이 지나고 이제 막 활동의 기회가 늘어날 때쯤 출산을 했다. 불규칙하게 창작 활동을 하며 나는 방과후 강사를 하고 이반장은 막노동을 하기도 했다. 그 외에도 거의 수익이 남지 않는 창작 활동이나 비영리단체 활동, 혹은 그냥 해야겠다고 생각한 무언가를 했다. 가끔 만나는 지인은 "너네 지금도 저소득 신혼부부냐"고 묻곤 했다. 왜냐하면 실제로 소득이 매우 낮은 신혼부부임을

증명하고 복지제도의 혜택을 받아 전셋집을 구하던 시절이 꽤 길었기 때문이다. 원룸에서 방 3개짜리 집으로 이사하기 전날, 우리는 자전거를 타고 그 오래된 다세대 주택을 빙빙 돌며 정말 우리가 저기로 이사를 가는 걸까 생각했다. 하지만 그 집은 햇볕이 거의 들지 않는 1층이었고 사방에 곰팡이가 많은 낡은 집이었다. 우풍이 심해서 집 한가운데에 이불을 매달아 바람을 막기도 했다. 그래도 꿈 같은 집이었다. 6년 넘게 산 그 집을 부동산에 내놓았을 때, 집을 보러 왔던 어떤 사람은 사람이 못 사는 집이라고 혀를 차고 나갔지만.

  지금은 거실에 누워 그때 좋은 것도 많았지만 한편으로는 너무 힘들었다고 매일 말한다. 사실 얼마나 힘들었는지는 잊은 것 같다. 잊고 싶기 때문에 끊임없이 생각이 나지 않는다고 되뇌는 것 같기도 하다. 그 시절에 많은 것을 배웠고 고마운 사람들을 많이 만났지만 만약 다른 선택이 가능했다면 편한 방법을 택했을 것이다. 그 당시 이 반장과 만든 노래가 있었는데 '버티면 버텨진다는 시뻘건 그 말'이라는 가사가 무한 반복된다.

2024년 XX월 XX일

우리는 부지런했다. 가만히 앉아 걱정만 하는 건 싫어해서 징징 대지 말고 해야 하는 것을 하자고 서로를 채찍질했다. 그럴 수 있었던, 그래야 했던 이유는 무엇보다 아이 때문이었다. 아이가 만 한 살이 되던 날, 떡을 맞추는 것도 망설여질 정도로 돈이 없었다. 고기 반찬은 해야 할 것 같아서 김치찌개에 돼지고기를 넣었던 기억이 있다. 그런 순간도 웃으며 넘기긴 했지만 마냥 낭만적인 마음만 있지는 않았다. 하지만 어떤 삶이 의미가 있을지 생각만 많아지던 시기에 아이는 존재 자체로 우리의 기댈 곳이 되었다. 일단 오늘을 버텨야 해, 그때 힘들어도 울지 말고 차라리 푹 자고 일어나 밀린 살림부터 책임져야 해, 어쩔 수 없는 날들도 많잖아, 그냥 그래야 하는 시기가 있고 많은 사람들이 그렇게 살고 있어. 그걸 소재 삼아 작품을 만들어 발표하는 게 예술은 아니잖아? 엄마, 그렇지? 으앙- 배고파-

우리는 사실 우는 아이에게 기대어 외면하고 싶었던 세계에서 더욱 멀어질 수 있었고 우리에게 좀 더 정확하고 넓은 세계로 나아갈 수 있었다.

대학 졸업 후 그렇게 10년 가까이 지났을 무렵, 다른 결단이 필요했다. 더 이상 예술의 의미에 삶의 의미까지 태워버릴 수는 없었다. 그래서 문화예술 관련 창업, 창직 활동을 지원하는 경기도 수원시 소재 입주공간에 지원을 했다. 단체 이름은 〈창작그룹 비기자〉였다. 경쟁에서 승리해야 생활도 나아질 텐데 비기자며 단체를 만들었다. 그러고는 면접 현장에서 '이젠 돈을 벌어보고 싶다'고 말했다. 우리의 예술 활동이 다른 사람들에게 의미 있게 전해진다고 해도 이제 그 자체만으로 내가 살아갈 힘이 생기지는 않는다고 말했다. 그리고 그 공간에 입주했다. 창문이 없는 6평 남짓 공간에 사람 셋, 강아지 네 마리가 입주했다. (그곳에 지원했던 이유 중 하나는 동물도 공간 출입이 가능했기 때문이었다.)

하지만 수익 활동 중심으로만 활동을 했던 것은 아니다. 비즈니스 모델을 만들라는 지원사업에서도 입주 단체들이 함께 문화적 경험을 나누는 활동을 기획했고 돈이 되는 활동도 재미가 없으면 중간에 그만두기도 했다. 그런 선택들이 단체의 태도나 방향성으로 해석되기도 했지만 지금 생각해 보면 단지 우리에게 자연스러운 활동을 했을 뿐이다. 그 이상의 해석은 과하다. 어떤 기회가 코앞까지 와도 우리는 그것을 기회로 활용하지 못하는 사람

들이기도 했던 것이다.

어쨌든 그 공간에서도 부지런히 활동했다. 단기간에 많은 성장을 했고 입주했던 공간도 매년 2배씩 더 큰 방으로 옮겼다. 그 과정에서 필요한 세금 관련 일은 혼자 공부해서 처리하기도 했다. 창작 활동은 점점 일이 되는 순간이 많아졌고 온전히 일이기만 한 작업도 많아졌다. 단체의 대표였던 나는 공공기관의 온갖 지원사업에 지원서를 넣었고 여러 기회를 적극 활용하고자 했다.

경력이 10년 이상 쌓이니 외부 제안이 들어오기 시작했고 그래서 신이 나기도 했지만 우리는 더욱 성장을 해야 한다고 생각했다. 그래서 함께 활동할 사람을 더 영입하기도 했고 쉬는 대신 다음, 그다음을 준비하고 계획했다. 사실 그때는 지나간 시간에 대해 빠짐없이 보상을 받고 더 받아서 몽땅 쟁여두고 싶기도 했다. 길을 잃는 방법은 궁금하지 않았다. 여러 일들을 완결성 있게 해내는 시기가 어느 정도 필요하다는 것도 알고 있었다. 하지만 그것의 반복이 만들어내는 결과가 내가 원하던 결과는 아닌 경우도 많았다. 좋아하는 사람들과 재미있게 작업을 이어가고 싶었던 것 같은데 운영, 경영, 단체의 지속 등이 더 중요한 목적이 되어갔다. 그 목적을 실현하는 것이 과연 가능한 것일지 회의적인 생각도 들었다.

어느 날은 사회적 기업 컨설턴트라는 사람이 찾아와 명함을 내밀며 사회적 기업을 만들어 보라고 했다. 그 운영 형태를 만들고 지속하기 위해 필요한 조건과 행정적 절차들을 차분히 들어봤는데 그 사람이 돌아간 후 이반장을 붙잡고 엉엉 울었던 기억이 있다. 내가 대표지만 난 그런 걸 하면서 살고 싶지 않다고 말했다. 점점 더 성장하려면 내가 하기 싫은 것을 더 많이 해내야 한다는 것을 감지했던 것 같다. 그런 성장 외에 다른 방향성이 잘 그려지지 않는다는 것이 더욱 슬펐다. 여기까지 달려오긴 했는데 무엇을 보고 계속 해야 하는 걸까 생각이 들었다.

그때쯤 외부 제안이 더 많이 들어오고 있었다. 주로 '이것도 할 수 있냐'는 확인차 질문으로 우리와의 관계를 시작하려 했다. 한 단체의 고민이나 실천력 대신 빠른 해결 역량이 필요한 것 같았다. 그런 의도도 쉽게 파악이 된다는 게 흥미롭지는 않았다. 그리고 비슷한 일들을 예측 가능한 감흥과 밀도로 마무리 짓는 경험을 반복하면서 '모르는 내일'을 위한 선택을 상상하기 시작했다.

내일도 모르는데

2024년 XX월 XX일

2021년 1월, 10년간 활동을 지속한 예술단체 〈창작그룹 비기자〉를 공식적으로 해산했다. 해산을 하는 이유와 과정을 1년 가까이 굳이 온라인을 통해 외부에 공유하였다. 그렇게 공개적인 인사를 했던 이유는 모든 게 '된다'는 신호가 가득한 세상에서 '안 되는 거는 안 되지 않냐'고 말하고 싶어서였다. 안 되는 게 있으니까 되는 게 있는 건데. 잘 되는 사람이 우뚝 선 아래에 끊임없이 밀려나는 사람들이 있듯이. 그리고 된다고 여기는 그것이 사실 모두에게 해당되는 것은 아니니까.

이반장이 언젠가 그려둔 그림을 해단식 예고 포스터로 사용했는데 마치 미래를 예측한 것처럼 너무 잘 어울렸다.

우리 가족은 단체를 해산하고 수도권 이외의 지역으로 이주를 하고자 집을 알아보기 시작했다. 그 사이 아들은 초등학교 3학년이 되었고 사방은 코로나로 멈춰버렸다.

내일도 모르는데

2020년 11월 9일

단체의 멤버는 고정적이지 않지만
최근 자주 만나는 사람들은 5명이다.

해단식을 앞두고
2명은 취업을 준비하고 있고
1명은 창작과 개인 사업을 이어가고 있고
나와 이반장은 일단 지방으로 이주를 준비하고 있다.

우리는 이주를 위해
한국주택공사와 은행의 대출 심사에 필요한
서류 17종을 준비하고 있다.
그 과정에서 제일 먼저 요구되는
'재직증명서'를 대체할 다른 서류들을
예술가 상황에 맞춰 준비하고 있다.
사회제도 안에서 사람은 직장인과 개인사업자,
그리고 프리랜서로만 증명될 수 있는 건가 생각도 든다.

오래전 같은 출발점에 있던 친구들이

왜 어디로 흩어져 갔는지
시간이 지날수록 알 수 없게 되었는데
그럼에도 사회적으로 안정된 사람들의 소식은
우수한 사례로 곧잘 소개된다.

그래서 단체의 해단과 느린 인사를 공유하고 있다.
우리는 불안하기도 하고 설레기도 하는데
단지 지금 그렇다는 것을 이야기할 필요가 있다고 생각한다.

....
2020년 12월 7일

단체의 해단 소식을 밖으로 꺼내놓고 나니
뾰족한 대안도 없는 이 결정에 대해
더욱 적극적으로 이야기할 수 있게 되었다.

해단식 소식을 전한 후,
오히려 "정말 안되는 것인지", "다른 출발은 무엇일 수 있을지"
함께 대화하고자 하는 사람들이 많아지기도 했다.

그리고 버스와 전철 안에서 씩씩거리던 마음이
의아할 정도로 편안해졌다.
밥도 덜 거르게 되었다.

오늘은 공식적인 자리에
"느슨해지기, 길 잃기, 도망가기"에 대해 말하러 간다.

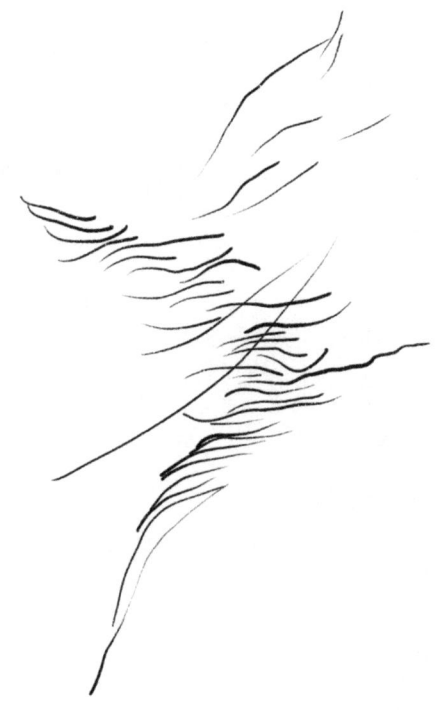

내일도 모르는데

2020년 12월 30일

올해 초 기획했다가 코로나 때문에 취소한
단체의 공유회 제목처럼 "내일도 모르는데" 무엇을 알
수 있을까
요즘 그런 마음이다.
그래서 평소에 알 수 있었음에도 바쁘게 지나쳤던 것들
을 다시 돌아보고 있다.

이를테면 밥을 해먹는 것의 즐거움이라든지
두부의 고소함이라든지
가족의 뒷모습이라든지
불멍의 평화로움이라든지
그 불멍에 힘을 얻는 친구들의 존재라든지.

2021년은 역시나 잘 모르겠지만
이젠 모르기 때문에 불안하지는 않다.
그럴 수 있었던 힘은
오히려 많은 것들이 흐려지고 불명확해질 때
조금씩 생겨났던 것 같다.

2. 이름 없는 세계를 향해

2021년 1월 30일

코로나로 사람들이 모일 수 없어 영상으로 해단식 메시지를 남겼다.

안녕하세요.
〈창작그룹 비기자〉입니다.

지금부터 해단식을 시작하겠습니다.
〈비기자〉는 그동안 '각기 다른 생각들이 꾸준하게 비길 수 있는 현장을 인문학적 문화예술 활동으로 만든다'고 활동의 의미를 소개해왔습니다. 하지만 시간이 지날수록 비긴다는 것의 의미는 훨씬 다양할 수 있겠다는 생각을 하게 되었습니다. 여기에는 서로 다른 무언가가 팽팽하게 맞서고 있는 상황도 포함됩니다. 한쪽이 빠르게 가려고 할 때, 한쪽이 느린 속도를 고수해서 앞으로 거의 나아가지 못하는 것처럼 말입니다.

우리가 살아가는 세계는 그런 팽팽함의 연속 같습니다. 잘 보이는 것, 명확한 것, 효율적인 것, 관습적인 것, 익숙한 것, 쉬운 것, 그것의 반대편에는 또 다른 것들이 존재합니다. 그것이 예술일 필요는 없습니다. 단지 무언가가 있고 그로 인한 팽팽함이 이 세계의 균형을 만들고 있다는 생각이 듭니다. 부조리하고 불평등하고 불규칙한 것들이 넘쳐나지만, 바로 그런 현실도 지탱하는 균형.

그 팽팽함 속에서 〈비기자〉의 위치가 어떻게 변해왔는지 생각해 보게 되었습니다. 무엇이 될지 모를 것들을 해보는 것에 집중했던 시간들이, 무엇을 '되게' 하는 과정에 적절히 쓰이는 경험도 자주 하게 되었습니다. 그럴수록 비기자는 더 명확하고 적당한 것들을 선택하고 보여줘야 했습니다. 그것이 단체의 운영을 위한 현실적인 이유가 되기도 했습니다. 하지만 그것은 〈비기자〉라는 이름을 정리하는 결정에 가장 큰 영향을 미쳤습니다.

이제 좀 멀리 도망가 보려고 합니다. 분명한 이유와 목표를 가지고 달리는 것도 중요하지만 사람이 그렇게만 살 수는 없기에 낯선 곳으로 자리를 옮겨보려고 합니다.

살짝 빗겨 나와 보니 부지런히 도망가며 살아가는 것도 중요한 것 같습니다. 그것도 팽팽함의 어디쯤에서 작동될 수 있을 거라 생각합니다.

마지막으로, 창작그룹 〈비기자〉의 활동에 그동안 함께해주신 많은 분들께 진심으로 감사드립니다. 응원해 주신 더 많은 분들께도 감사드립니다.

작은 단체의 이름은 사라지지만 사실 '비기자'는 우리에게 '이기자'보다 덜 익숙한 구호일 뿐 누구나 언제든 외칠 수 있다고 생각합니다.
여러 가지 이름으로 오래오래 건강하게 만나요.
이제, 모두, 안녕.

2024년 XX월 XX일

단체를 정리하는 1년 사이 봉식이가 떠났다.

여름 어느 날, 봉식이의 건강이 급작스럽게 나빠졌는데 이반장은 개인전 설치를 하며 링거를 꽂은 봉식이를 큰 가방에 넣고 다녔고 나는 나대로 바쁘다며 택시를 타고 여러 회의를 다녔다. 그러고 얼마 지나지 않아 봉식이와 이별을 했다. 많이 야윈 봉식이를 사진으로 남겨두었지만 그 사진은 한동안 꺼내볼 수 없었다.

시간이 흐를수록 오히려 봉식이가 더 보고 싶어졌다. 2년 후쯤 나는 고속버스를 타고 멀리까지 이동하는 일이 많아졌는데 그때마다 옆자리에 봉식이가 있었다. 봉식이는 차가 흔들리거나 막혀도 평온하게 앉아 있었다. 나에게 기대지도 않고.

그리고 우리 곁에는 길에서 만난 3마리의 강아지들이 남아있었다.

복많이, 봉우리, 귀봉이.

2024년 XX월 XX일

'다른 것'을 해보고 싶었는데 그게 무엇인지 정확히 알지 못했다. 단지 지금과는 다른 방식, 흐름, 속도, 규모, 상황, 구조 안에서 작은 이야기라도 꺼내보고 싶었다. 보다 근본적으로 '다른 삶의 환경'이 필요하다는 대화를 이반장과 나누기 시작했다. 받아들이고 싶지 않을 만큼 반갑지 않은 대화였다. 그렇게 열심히 달려왔는데 수도권 내에서 원하는 집을 구할 수 없다는 것을 재차 확인하게 되었다. 결국 우리 분수에 맞는 생활 조건을 선택하는 과정이 필요했고 2020년 11월, 수도권을 벗어나 충남 공주시에 있는 유구리라는 시골 동네로 이주를 했다.

집은 유튜브로 구했다. 6개월 전부터 손톱을 물어뜯으며 시골 촌집, 단독 주택 등을 검색한 결과였다. 강원도, 충청도, 전라도, 경상도 할 것 없이 기차나 버스로 어느 정도 이동이 가능한 동네를 찾아봤다. 아는 사람은 오히려 없는 동네가 속 편하다고 생각했다. 외로움은 별로 두렵지 않았고 고요한 우리만의 땅과 집이 필요했다. 그러다 대출을 받아 강아지들이 뛰어놀 수 있는 마당이 있는 집을 구했다. 집 근처 읍내의 작은 터미널에는 서울 가는

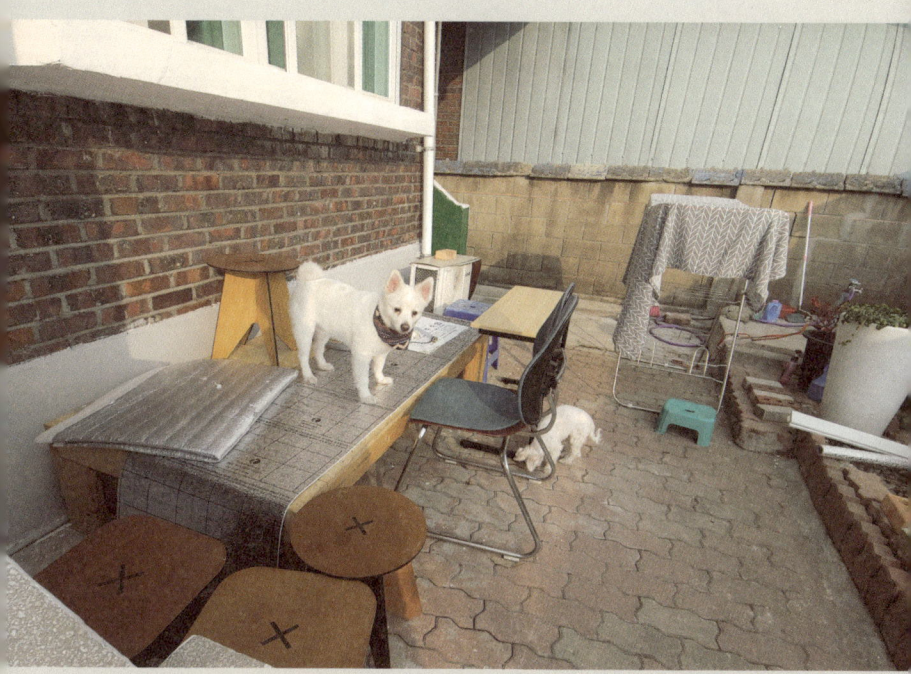

버스 노선도 있었다. 일을 줄이면서도 이어가야 했기에 그 터미널은 집 선택에 중요한 기준이 되었다.

  6톤의 이삿짐을 옮긴 후, 거실에서 짜장면을 먹으며 벌건 얼굴로 웃는 내 사진을 종종 꺼내 본다. 그 사진을 찍어주고 함께 웃던 이반장의 모습도 기억한다. 사실 좀 작은 거실이었는데 그땐 그게 상관없었다. 처음으로, 우리가 집의 주인이었다.

이름 없는 세계를 향해

2021년 4월 4일

몇 달 전까지 살던 수원 집은 공사에 들어갔다고 한다.
우리 가족은 쪽문을 통해 들어가는 2층에 살았다.
1층에 살던 OO이네도 더 외곽으로 이사를 갔나 보다.

그 집 가격이면 유구리에서 마당 있는 집을 서너 채는 살 수 있다.

이사는, 스스로 떠나는 것이기도 하지만
어쩔 수 없이 떠밀려 가는 것이기도 하다.

2021년 5월 10일

대학교 졸업 전시 때는
지금의 마음과 별로 안 닮은 그림을 그렸다.

그땐 미래를 위해
그림이 어떤 역할을 해주기를 바랐던 것 같은데
요즘은 앞으로 그림 말고 무엇을 그리며 살 수 있을까
혼자 궁금해한다.

2021년 5월 19일

도심을 벗어나면
낭떠러지일 거라는
막연한 불안함이 있었다.

하지만 당연히 그렇지 않았다.
더 깊숙이 더 멀리 가보니
다른 것들이 보였다.

길이 문제라고 생각했는데
여러 길 위에 이미 여러 삶이 있었다.

2021년 4월 1일

유구천에 수달이 산다는 소문이 있길래
수달을 기대하며 산책을 했는데
야무진 자라를 만났다.

그리고 다음에는 펠리컨을 만날 수 있을지도 모른다는
상상도 할 수 있게 되었다.

수달-자라-펠리컨-?? 으로 이어지는
아리송한 흐름이 우리의 삶과 닮은 것 같다.

3. 유구리라는 동네 안에서

2021년 3월 13일

오일장에서 신상 구경을 하는데
어디선가 "인생은 지금부터야~"라는 노래가 들렸다.

2021년 3월 10일

오늘은 공적인 자리에서 우리 집 강아지들 이야기를 했다.
먼저 떠난 아이, 오늘도 내 옆에서 자고 있는 아이 모두에 대해.
우리는 길 잃은 강아지를 보며 마음이 이리저리 요동치는 '사람'이기에
할 수 있는 것들이 더욱 많다는 말을 힘주어 했다.

예술가에 대해 이야기 나누다.

2021년 4월 17일

날씨와 기분에 따라 산책은 여러 가지로 가능하다.

1. 오토바이 타고 달리기
2. 자전거 타고 슬슬 다니기
3. 강아지들과 걷기
4. 혼자 딴생각하며 걷기
5. 다른 사람과 수다떨며 걷기

오늘은 3번.
일상에서 선택할 수 있는 것들의 범위가
점점 넓어지고 있다.

2021년 4월 12일

일주일에 한두 번 도시로 나와 일을 하고 다시 유구리로
돌아간다.
불편하고 비효율적인 삶이지만
깊숙이 들어갈 곳이 분명하게 있다는 게
얼마나 큰 위안인지 모른다.

지금도 3호선 신사역을 지나고 있지만
이미 마음은 편안하게 내려앉은 어둠 속에 있다.

2021년 4월 21일

유구리로 이사 온 지 5개월이 다 되어간다.
연고도 없는 곳으로 이주해도 괜찮을지 걱정이 앞설 때
몇 개월 먼저 수도권을 떠난 친구가
"여기 재밌으니까 어서 와요"라고 말했다.

그 말이 좀 낯설었는데
이제 와 다시 생각해보니
보통 이사를 할 때는
편리하고 효율적으로 생활할 수 있을지를
가장 중요하게 생각했던 것 같다.
재미있게 살 수 있을지에 대해서는
왜 별로 생각해보지 못했을까.

아무튼 지금은 재미있다.
생활이 불편하기 때문에 삶이 더 재미있기도 하다.
이건 정말 중요한 것 같다.

2021년 5월 6일

나는 운전면허가 없다.
그래서 오늘도 3시간 반 걸려서 청주에 왔다.
운전하면 1시간 10분 걸리지만.

매일 이렇게 다닐 수는 없지만
그래서 매일 일하러 나오지 않는다.

2021년 4월 23일

어느 길 위에서는
더 많은 걸 다이나믹하게 볼 수 있는 것처럼 느껴진다.
가끔은 그게 나에게 가장 가까운 것이자
전부인 것처럼 생각된다.

이사 후
도심으로 가기 위해서는
논밭과 산을 가로지르는 길 위에 있게 되는데
오늘도 로드킬 당한 동물을 4마리나 보았다.

어느 길에서는 볼 수 없는 것이 있다.
어느 길에서만 볼 수 있는 것도 있다.

어쩌면 무엇을 주로 보거나 보지 않기 위해
각자에게 편안한 길을 선택하는 것일지 모른다.

2021년 4월 24일

마당에 물을 주다가
잡초처럼 생긴 것에도 물을 줘야 하나 생각했는데
나는 왜 그런 생각을 하고 있을까
생각이 들었다.

2021년 9월 27일

너 예전에 빌라에서 맨날 짖어서
내가 이사가야 겠다고 했었잖아
라고 귀봉이에게 말했더니

엄마, 하늘 좀 봐요
한다.

2021년 4월 28일

초등학교 4학년 아들이
근데 엄마는 무슨 일을 하냐고 물었다.
집에는 알록달록한 게 쌓여가는데
엄마는 산책이나 하다가 화상회의를 하니까 궁금했던
모양이다.

문화니 예술이니 그런 말을 빼고
내가 했던, 하고 있는 것들을 말하고 있으니
아들이 뒷걸음치며 슬슬 방으로 들어갔다.

이리와
들어봐

2021년 5월 4일

요즘도 일을 하긴 한다.
예전과 크게 다르지 않은.
하지만 스스로가 미워지는 순간이,
누군가에게 화가 나는 순간이
사실상 사라진 것 같다.

집으로 돌아오던 전철 안에서
혼자 씩씩대던 그 감정은
어쩌면 누구 때문이 아니었을지 모른다.

2024년 XX월 XX일

유구리 집 마당에 누워 발가락을 까딱까딱하고 있을 때, 문득 이렇게 살아본 적은 10대 때부터 거의 없었다는 것을 깨달았다. 4월을 시작하는 색과 5월을 맞이하는 색이 어떻게 다른지 천천히 볼 수 있다니.

나는 중학교 시절부터 시험 점수와 등수에 더욱 몰입하며 살았다. 친언니가 워낙 공부를 잘 해서 비교 대상이 되고 싶지 않다는 생각에 누군가 시키지 않아도 공부를 했던 것 같다. 그래서 성적은 좋았는데 그것을 유지해야 한다는 생각이 커서 라이벌 친구의 시험 점수까지 수첩에 받아적으며 누가 더 등수가 높은지 신경을 곤두세우며 살았다. 그래서 성적은 주로 반에서 3등 안에 들었다.

그리고 비슷한 성적의 학생들이 있는 고등학교로 진학을 했다. 첫 중간고사에서 당시 너무 충격적이었던 낮은 등수를 받았다. 더 열심히 해야겠다는 생각보다는 원하는 대학을 갈 수 있을 정도의 점수만 유지하자는 판단을 했다. 입시에 영향이 없는 과목은 아예 공부도 하지 않았다.

어쨌든 그 고등학교에서는 많은 학생들이 대학입시를

위해 서로 경쟁하는 것이 익숙했다. 멋지게 살아남아 대학교를 한 번에 착 붙어버리는 그날을 위해 모두가 공부하고 또 공부했다. 그렇게 밤늦게까지 미술학원을 오가며 입시를 준비하던 어느 날, 모의고사를 앞두고 옆 반 학생이 자살을 했다. 이름도 모르는 친구였다. 입시에 대한 압박감 때문이었는데 누군가는 그 친구 때문에 모의고사가 취소되었다고 투덜거리기도 했다.

사실 그보다 2년 전, 그 학교를 나온 선배가 부모를 집에서 토막 살인해서 학교 근처 공원 쓰레기통에 버린 사건도 있었다. 모두가 수학여행을 가서 숙소에 도착한 순간, 매일 지나치던 그 쓰레기통이 뉴스 화면에 나오고 있었다. 그 사람은 내 기준에서 명문대를 다니고 있었는데 당시 부모가 원하던 명문대를 가지 못했다는 이유로 부모로부터 차가운 대우를 받았다고 한다. 추후 심리학 교수가 그 사람을 면담하고 책도 냈는데 그 사건이 심각한 가정폭력과 아동학대의 결과물이라고 써 있었다. 그 책의 제목은 "미안하다고 말하기가 그렇게 어려웠나요"였는데 어떤 경로였는지는 기억이 안 나지만 나는 그 책을 찾아서 읽었다.

그래서 고등학교 시절에 대해 나는 친구들과 까르르 웃으며 복도를 오가던 기억 외에도 비현실적으로 스산한 기억도 가지고 있다. 누가 죽었다는 사건 자체보다 그다음 날부터 이어진 '별일 없었다는 듯한' 일상. 점수와 점수 사이에서 숨죽이고 살던 우리들이, 지금은 어떤 모습으로 살아가고 있을까.

치열했던 경쟁이 단기간에 나의 어떤 역량을 끌어올리긴 했으나 왜 '그것만' 중요하다는 신호 속에서 살았어야 했을까 지금도 생각이 든다. 그래서 유구리의 푸릇한 기운을 온몸으로 받으며 학창 시절의 서늘한 시간도 함께 떠올리곤 했다. 반짝거리는 성과들에 많은 사람들이 기뻐할 때일수록 그 시절이 더 떠오른다. 난 잊지 않고 있다.

유구리 마당. 할머니가 된 봉우리가 비틀어진 몸으로 마당을 뱅글뱅글 돌고 있었다. 중력이 이끄는 대로 돌고 도는 봉우리를 위해 이반장과 마당에 화단을 없애고 블럭을 더 깔았었는데 덕분에 봉우리는 더 크게 동그라미를 그리며 산책을 할 수 있었다.

'말 없는 봉우리의 놀이터를 점점 더 넓히기'. 삶의 목표가 그래도 좋을 것 같았다. 하지만 학교나 사회에서 그런 목표로 살아보는 것도 의미 있다고 응원받았던 기억은 떠오르지 않았다.

유구리라는 동네 안에서

2024년 XX월 XX일

 10년 전쯤, 장애인, 비장애인이 함께 창작을 하는 단체에서 활동을 했던 적이 있다. 그때 여러 사람을 만났었을 때 연계된 활동의 기회로 한 정신장애인을 심층 인터뷰했었다. 그 사람은 자신의 증상과 생각, 삶의 경험을 꺼내놓으며 종이에 볼펜으로 어떤 그림을 그려 보여주었다. 자신의 주변에는 여러 존재가 이미 있고 그것은 목소리로 종종 본인에게 인식된다고 했다. 종이 가운데에는 그가 있었고 주변으로는 다른 존재들이 흐릿하지만 분명하게 그려져 있었다. 그 존재들은 주로 부정적인 말들, 자존감을 낮게 만드는 말들을 하며 자신을 따라다닌다고 했다. 자신에게 있어서 정신장애는 이미 있던 그 존재들의 세계를 보게 되는 것, 그 세계와 일반 세계의 경계가 열리는 것이라고 표현했다.

 나는 그 말과 그림을 지금까지 기억하고 있다. 왜냐하면 그 표현이 매우 건강하게 느껴졌기 때문이다. 개인의 삶 속에는 어둡고 우울하고 힘든 순간들이 많다. 어떤 날은 모든 게 무기력해지고 미래가 불투명하게 느껴지기도 한다. 누군가가 너무 밉기도 하고 내가 밉기도 하다. 그것을 말해주는 존재가 있다는 것은, 그런 순간이 있음을 인지하며 살아간다는 것으로 들린다. 갑자기 슬퍼지고 무거워진 본인의 상태에 더욱 낙담하거나 불안해하는 것이 아니라 오늘은 그 기운이 닥친 날이다, 그리고 삶에는 원래 그런 순간이 있다고 전제하는 것이기 때문이다. 내가 종종 슬프거나 불안한 감정을 떨쳐내지 못하는 것처럼, 힘들었던 어느 순간을 외면하지 못하는 것처럼.

그래서 그 그림 속 가운데에 서 있는 사람은 나처럼 보이기도 했다. 그것을 낙서 같은 그림에서라도 명확하게 보게 되니 오히려 마음이 놓이고 인터뷰 순간도 감사하게 느껴졌다. 자신의 상태와 삶의 서사를 있는 그대로 이야기하는 그 사람이 오히려 자연스럽게 보였고 정신적 장애가 있다는 판단은 누가 어떤 기준에서 할 수 있을까 생각이 들었다. 또한 그 사람이 반복해서 '회복'이라는 말을 썼는데 과연 회복된 상태란 무엇일까 궁금해지기도 했다. 나는 회복된 상태일까. 나는 왜 그 사람이 더 회복을 정확하고 자세하게 알고 있다고 느낄까.

당시 인터뷰는 '내 안의 사랑이 죽었다, 사랑을 회복해야 한다'는 제목으로 기사화되었는데 나는 마지막에 다음과 같이 짧은 글을 덧붙였다.

정신장애는 '회복'을 항상 염두에 두고 있다. 그러나 이 회복은 그리 간단하지 않다. 증상이 사라지면 회복일까? 약이 필요 없어지면 회복일까? 지금 사회는, 개인이 자신을 끊임없이 회복의 상태로 끌어내지 않으면 살아가는 것 자체가 힘들기도 한데 말이다. 그래서 다시 진짜 회복이 무엇일지를 찾는 것이 필요하게 된다. 정신장애인 당사자들의 고민은 그래서 과연 '산다는 것이 무엇일지'에 대한 철학적, 반성적 태도로 이어질 것이라 생각한다. OOO의 이야기는 그런 맥락에서 계속되고 있는 생생한 고민으로 들렸다. 그는 회복되었을까? 회복되고 있을까? 그의 회복을 나의 저편에 두고 궁금해하다가, 이타적인 삶에 대해 강조하는 그의 눈을 보며 과연 우리와 사회는 회복되고 있는지 생각해본다. 누군가의 마음에 사랑이 죽어버리도록 흘러가 버리는 사회는, 어떤 회복을 염두에 두고 있을까. 각자의 마음에 사랑이 죽지 않도록 개개인이 알아서 버텨내고 일어서야만 할까. 자신의 마음을 지켜내는 그 보이지 않는 보호막이 약하거나 헐거운 이에겐 스스로의 건강함을 유지하기란 이 얼마나 쉽지 않은 일인가.

2022년 2월 27일

방학은 웅크린 몸처럼 작은데
개학은 에베레스트산만 하다고
아들이 울먹인다.

엄마도 요즘 산처럼 큰 일들을 해야 하는데
그건 어쩔 수 없는 거라서
일을 조금이라도 재밌게 하려고 애쓰고 있다고 말했다.
어제는 다른 사람과 같이 노래를 듣고 농담도 나누었다고.

아들은 다시 콧노래를 부르기 시작했고
우린 곧 편의점을 털러 가기로 했다.

너도 내 산의 일부였는데.

유구리라는 동네 안에서

2021년 5월 23일

우리 딸래미 봉우리는 앞이 잘 안 보여
사료를 여기저기 흘리며 먹지만
그건 나의 관점인 것 같다.

딸래미가 스스로 이야기할 수 있다면
앞이 얼마나 안 보이는지를 제일 먼저 말하지 않고
요즘 밥맛이 좋다고 할지도 모른다.

흩어진 사료 알들은
다른 강아지들이 천천히 주워 먹는다.

2021년 5월 27일

동네에서 음식을 주문하거나 가게에 뭔가를 문의하면
조금 낯선 답변이 돌아오곤 한다.

"나 집에 들어와서 오늘은 배달 안 해유"
"오늘은 일 있어서 문 안 열어유"
"배달하면 주문은 많은디 바빠서 아휴... 안 혀"

가게를 운영하는 사람의 입장과 일상이
자연스럽게 우선시 된다.
나는 손님이라 조금 불편하지만
손님이 왕이라는 명제를 다시 생각하게 되어 좋다.

이럴 수도 있고 저럴 수도 있는 삶 위에
장사도 있고 사람도 있는 것 같다.

유구리라는 동네 안에서

2021년 6월 9일

최근에 동네에 빈집이 많길래
이반장과 여기저기 구경을 하고 다녔다.
작업실이 딱히 필요한 건 아니었지만
하루 종일 돌아다니며 다른 빈집은 없냐고 묻고 다녔다.

근데 그게 너무 재미있었다.

누가 왜 여기에 살았고 떠났는지
어떤 사건과 욕망과 관계가 있었는지
보고 듣는 시간이 많았기 때문이다.

성과를 기대하지 않아도 되는 시간들이
하루를 빼곡하게 채울 수도 있다.

2021년 6월 14일

도시에서는 답을 찾기 어려운 질문들이 있었다.
예를 들면 '나의 집' 같은.

답을 찾지 못하니
자꾸 질문에 대한 비판과 불만만 쌓였고
답을 내놓지 못하는 내 삶도 부족해 보였다.
분명 열심히 살았는데.

도시를 떠난 건
다른 답을 찾으려는 게 아니라
질문 자체를 바꿔보기 위해서였다.
그러기 위해서는 내가 질문을 만드는 시간도 필요했다.

2022년 1월 18일

가끔 도시에 나오면
다른 나라를 여행하는 것 같다.

도시의 복잡함이 문제가 아니라
나와 다른 복잡함으로부터
거리를 유지하기 어려웠던 상황이
문제였던 것 같다.

2021년 6월 30일

유모차를 끌며
강아지들과 구불구불하게 걷던 동네에
며칠 전 갔었다.

아마 그때 동네 사람들은
저 엄마 어떻게 개들까지 저렇게 키우나
생각했을지 모른다.
혹은 아무 관심이 없었을지도.

요즘 유구리 좋다... 하며 걷지만
사실 그때도 좋았기 때문에
지금도 좋다고 생각할 수 있는 것 같다.

2024년 XX월 XX일

유구리에서 평온한 시간만 있었던 건 아니다. 이미 몇 해 전 큰 수술도 이겨낸 봉우리가 급격히 건강이 안 좋아져 2021년 겨울, 우리 곁을 떠났다.

  새벽이었다. 겨우 숨만 쉬고 있던 봉우리의 심장이 멈췄을 때 이반장과 나는 죽음 다음에 대한 구체적 대화를 한 적이 없었는데 각자가 생각한 것들을 했다. 나는 '이걸로 봉우리를 감싸면 좋겠다'고 생각했던 천으로 봉우리를 곱게 쌌다. 캄캄한 길 위로 눈발이 기묘하게 쏟아지던 날, 우리는 봉우리와 인사를 나누었고 나는 생각보다 덜 울었다.

  봉식이를 보낼 때도 그랬었다. 무겁게 내려앉은 꿈속에 잠시 들어온 느낌. 꿈에서 곧 밝게 깨어날 거라고 막연히 믿으며 당시의 슬픔을 밀어내는 마음과 손끝. 그래서 봉우리도 천천히 인사 중이다. 2년이 지난 지금도 가끔 봉우리의 애칭을 불쑥 부른다. 부르고 싶어서 부른 건 아닌 것 같은데 불러보게 되는 날이 있다.

  남양주 길바닥에 고인 물을 먹던 봉우리를 차에 태워 집에 왔던 어느 날. 그리고 지금까지, 딸래미를 닮은 가늘고 보송보송한 시간이 흐르고 있다.

유구리라는 동네 안에서

2021년 11월 2일

오늘은 1년 전에 머물던 작업실 근처에 다녀왔다.

해가 지면 떼 지어 다니던
들개들의 안부가 궁금했다.
한 마리 두 마리 줄어들던 녀석들이
저 멀리에서 자기를 지켜낼 때
우리는 가끔 숲속에 사료를 놓아두고 왔는데
그 순간도 벌써 잊어가고 있었다.

나무 타는 냄새가 가득한 유구리로 돌아와
1년 전 듣던 노래를 방 안 가득 틀고
어떤 건 너무 금방 잊지 말자고 생각한다.

말을 많이 한 날은
까마득한 순간이 더 떠오른다.

2022년 1월 20일

동네엔 장례, 장묘를 하는 곳이 많다.
빵집은 없어도 장례하는 곳은 꼭 있다.

낮은 산마다 곱게 누운 무덤들과 빈터가 보이는데
덕분에 사방이 '돌아갈 곳'으로 보인다.

죽음을 자주 생각하게 되지만
오히려 죽음이 자연스럽게 그려진다.
나는 저기로 갈까 아니면 어디로 갈까.

오늘도 편의점을 지나듯
'쉴낙원'을 지나
집으로 간다.

유구리라는 동네 안에서

4. 낯설고 긴 놀이, 복많네

2021년 6월 30일

넘쳐나는 것들을 나눠 갖기 위해서는
왜 많은 이유가 필요할까

넘쳐나서 비어버린 곳,
비어버렸지만 나눠 갖지도 못하는 곳이
곳곳에 있는데
내 친구들은 갈 곳을 찾는다.

요즘 찾은 빈집은
나눠 가질 것들이 많은 곳이 되면 좋겠다.

2024년 XX월 XX일

유구리에 이사 온 지 몇 달이 되지 않아 이반장과 오토바이를 타고 산길을 달리기 시작했다. 그러다 곳곳에 빈집이 많다는 것을 알게 되었다. 집마다의 사연과 분위기가 다양해서 그걸 듣거나 보는 재미가 쏠쏠했다. 그렇게 한 달 이상을 구경만 하다가 눈앞에 자꾸 아른거리는 집을 발견했다. 솔직히 거주지 외의 공간이 꼭 필요한 건 아니었다. 그렇다고 어떤 목적을 가진 공간을 만들어야겠다는 포부도 없었다. 단지 그 집이 좋아서 뭐라도 해보고 싶다는 막연한 마음만 있었는데 그게 가장 강력했다. 그래서 가지고 있던 돈을 모조리 긁어모아 유구리에서 좀 떨어진 곳에 있는 그 집을 샀다. 순식간에 집이 두 채가 된 것일 수도 있는데 무허가 건물이었던 60년 된 그 흙집은 법적으로는 세상에 없는 존재이기도 했다.

그 집에는 '복많네'라는 이름을 지었다. 우리 집에서 제일 건강하고 복이 많은 복많이의 기운을 받기 위해서였다.

그곳에서는 하루가 멀다 하고 자라는 잡초와 집안 곳곳을 기어다니는 벌레마저도 복스럽게 보였다. 전형적인 도시 촌놈들의 스토리가 시작된 것이다. 여기를 이렇게 고쳐보면 좋겠다, 저 풍경이 참 고즈넉하다, 새 소리가 아름답다 감탄하며 마루에 앉아 있을 때까지는.

만져본 적 없던 장비를 들고 무더위 속에서 집 천장을 뜯기 시작하면서 우리는 누가 시키지도 않은 중노동의 시간으로 빨려 들어가기 시작했다.

낯설고 긴 놀이, 복많네

낯설고 긴 놀이, 복많네

낯설고 긴 놀이, 복많네

2021년 7월 8일

빈집 일부를 수리하기 위해
빈집을 많이 고쳐본 분의 자문을 구했다.

아파트는 구조가 비슷하기 때문에
도면만 봐도 수리 계획을 세울 수 있지만
오래된 집은 뜯어봐야 계획을 할 수 있다고 한다.
여러 재료가 복잡하게 엉켜있고
집마다 구조가 다르기 때문이다.

예측할 수 없는 천장 속 세상이
요즘 같기도 하고 미래 같기도 한데
뜯어가며 살아보면 되겠다는 힌트를 얻었다.

2021년 7월 11일

빈집을 뜯고 고치는 과정에서 발견하는 건
내가 모르거나 안 해본 일들이
매우 많다는 것이다.

나는 문서를 읽고 쓰는 건
익숙하게 하는데
그래서 어떤 영역의 일만 할 줄 안다.

삶에는 여러 영역의 일이 겹쳐있어서
서로 모르는 것도 많고
다 잘 해낼 수도 없는데
그래서 의지하며 살아야 하는 순간도 많은 것 같다.

2021년 7월 12일

나에게도 낯선 풍경이 필요하다.
검색되지 않는 사례,
예측할 수 없는 순간,
편리하지 않은 절차 같은.

재밌게 살기 위해

낯설고 긴 놀이, 복많네

2021년 7월 16일

6년 전 대형전시장 주차장을 누비며
남의 땅을 향해 구시렁거리던 에너지를 모아
이제 가지치기를 하고 벽을 부순다.

티 나지 않는 일에 쓰일 에너지가
차곡차곡 쌓이고 있다.

2021년 7월 27일

마트에 쌓인
설탕 포대가 시멘트 자루로 보이기 시작했다.

2021년 7월 23일

유구리로 가야겠다고 계획하지 않았지만
지금 유구리에 있듯이
빈집을 구해야겠다고 마음먹지 않았지만
지금 빈집에 있다.

의도하지 않아야
만날 수 있는 삶이 있는 것 같다.

이 집이 어떤 모습으로
어떤 사람들을 만나게 될지 모르지만
어영부영 흘러가는 순간을
지켜보려고 한다.

··

2021년 8월 1일

건물 사이에서 살다가
유기견보호소에서 살다가
12년 전 우리를 만난 복많이는
복많은 집의 주인이 되었다.

낯설고 긴 놀이, 복많네

2021년 8월 7일

부부 (막)미장.

벽을 벽답게 만드는데 2주가 걸렸다.

2021년 8월 13일

페인트칠을 하다가 고개를 돌려보면
귀봉이의 시 쓰는 소리가 들린다.

그 소리를 받아적어
오랜만에 노래 가사를 썼다.

하루짜리 노래

내가 백 평짜리 꿈을 꾸고
십 년짜리 통장을 만들 때
우리 막내 강아지는
하루짜리 노래를 지어

소나기를 향해
콧잔등을 세우고
배운 적 없는 말들로
그윽해 그렇게

ㄴ ㅗ ㄹ ㅐ (니은 오 리을 애)
ㄴ ㅗ ㄹ ㅐ (니은 오 리을 애)
ㄴ ㅗ ㄹ ㅐ (니은 오 리을 애)
ㄴ ㅗ ㄹ ㅐ (니은 오 리을 애)

제목도 없고
글자도 없는데
하얗게 누운 등으로
지나간 시간을 읊어

소리는 흐릿해도

냄새는 여기저기

그런 노래

그래서 노래

ㄴㅗㄹㅐ (니은 오 리을 애)

ㄴㅗㄹㅐ (니은 오 리을 애)

ㄴㅗㄹㅐ (니은 오 리을 애)

ㄴㅗㄹㅐ (니은 오 리을 애)

멀리간 녀석도

멀리갈 시간도

코앞까지 끌어당겨

킁킁 잊지 않도록

이리와 이리와

같이 만든 노래

하루짜리 노래니까

매일매일 부르자

ㄴㅗㄹㅐ (니은 오 리을 애)
ㄴㅗㄹㅐ (니은 오 리을 애)
ㄴㅗㄹㅐ (니은 오 리을 애)
ㄴㅗㄹㅐ (니은 오 리을 애)

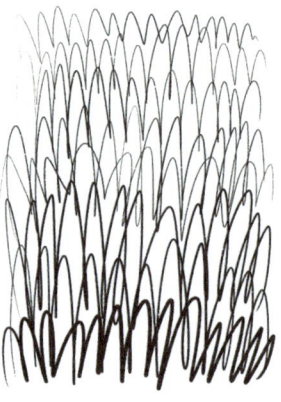

낯설고 긴 놀이, 복많네

2021년 8월 17일

빈집을 고치는데 속도가 안 나니
이거 언제 다 끝나나 생각했는데
사실 우리는 수리가 끝나기만을 바라고 있는 건
아니라는 걸 발견했다.

매일 갈 곳이 있고
매일 함께 할 일이 있고
그러다 이런저런 상상도 할 수 있어서
그 재미로 하루하루를 살고 있었다.

좀 크고 비싼 장난감을 같이 가지고 노는 삶.

2021년 9월 13일

오늘은 설렁설렁 장판이나 깔려고 했는데
츤데레 어르신이 전기톱을 들고 오셔서
마당에 나무들을 몽땅 베어주셨다.

이 동네에서는
감사한 순간도 예고 없이 찾아온다.

2021년 9월 26일

지금은 구들방에 불을 지피고 있지만
몇 년 후에는
아파트에서 공원을 내려다보고 있을지도 모른다.

지금이 좋지만
다른 선택을 해야 할 때가 올지도 모르는데
장담할 수 없는 시간 안에
어쨌든 오늘도 분명히 있다.

2021년 10월 23일

'복많네' 옆집 새끼 강아지들이
밥도 제대로 못 먹고 뜬 장에서 살길래
주인 할머님과 잘 이야기하고
'복많네'로 데려왔다.

강아지 그만 데려오자는 우리의 다짐은
오래전부터 자주 무산된다.

할머니가 호박도 같이 주셔서
한 녀석은 '호박이'가 되었고
한 녀석은 털이 숭숭 빠진 당근 같은 꼬리가 있어서
'당근이'가 되었다.

유구리 집 안에서 함께 살기에는 무리가 있어서
호박 당근 남매의 집은 '복많네' 마당에 마련해주었다.
CCTV가 달린 급식기로 매일 사료를 주며.

어쨌든 강아지들과 한 이불 속에서만 자던 우리에게도

큰 결정이었다.

잘 살아봐라.
잘 살아보자.

낯설고 긴 놀이, 복많네

낯설고 긴 놀이, 복많네

2021년 10월 26일

아침에 아들 먹일 토스트를 굽다가
14년 전 카페 아르바이트 할 때가 생각났다.
카페 사장은 탄 와플을
점심으로 먹으라고 주기도 했고
마당 있는 집에 살아본 적이 정말 없냐고
의아해하기도 했다.

시간이 오래 지났지만

옛다, 마당

낯설고 긴 놀이, 복많네

2022년 1월 14일

집주인 얼굴을 새겨
공간의 간판을 만들었다.

딸린 식구가 많지만
그래도 열심히 사는 대신
복을 뿌리며 살 거라고 한다.

2024년 XX월 XX일

2021년 여름부터 꼬박 1년 반 동안 집을 고쳤다. 조금씩 고치다가 급한 일들을 하다가 다시 몰아서 집을 고치다가 또 다른 일을 하며 시간을 보냈다. 어떤 날은 마당에 깔려있던 20kg짜리 블록을 뜯어내고 잔디를 한 줄씩 심으며 온라인 회의를 하기도 했다. (몇 달 뒤, 잔디가 잘 나지 않아서 잔디를 다시 캐내어 화단으로 옮겨심고 다시 블록을 깔았다.)

그 사이 호박, 당근이는 쑥쑥 컸다. 이제 다 컸구나 싶었을 때가 중간 정도 자란 상태였다는 걸 나중에야 알았다. 그래서 요새는 사룟값을 벌기 위해 더 열심히 살고 있다.

'복많네'는 우리들의 놀이터였다. 그래서 놀기 좋은 상태를 만들고자 공들여 고치기도 했는데 그 과정에서 이반장과 끊임없이 부딪혔다. 부글거리며 유구리 집으로 돌아와 놓고 다음 날 또 달려가서 장판을 깔고 싱크대를 만들었다. 우리는 매우 다른 사람이었다.

하지만 집을 고치던 중간중간에 하고 싶었던 것들을 해보기도 했다. 일단 둘이 함께 전시도 했고 내가 오래전부터 해보고 싶었던 잡화점도 열었다. 잡화점을 하고 싶었던 이유는 내가 어린 아들을 키우던 10년 전쯤 중고 옷을 사 입히던 기억 때문이었다. 그땐 돈도 없고 육아도 힘들어서 동네 옷 가게에서 매일 업데이트되는 헌 옷을 하나씩 사는 게 삶의 낙이었다. 사장님이 기분이 좋아서 예쁜 옷을 이삼천 원에 가져가라고 하면 그날 하루가 뿌듯했다.

그렇게 고르고 골라 입혔던 옷을 나중에 동네 중고장터에 들고 나가 파는 것도 재미있었다. 돗자리 펴고 하루 종일 앉아 있었는데 버스비만 겨우 벌고 돌아온 날도 있었지만 그땐 그게 나의 중요한 외부 활동이었다.

어쨌든 쓰디쓴 기억은 잠시 뒤로 하고 이번에는 넘치는 아이템들(주변 사람들에게 받은 여러 물건들)에 기대어 장사의 재미를 느껴보고 싶었다. 근데 그 재미는 수

낯설고 긴 놀이, 복많네

익을 많이 내는 게 아니라 '장사놀이' 그 자체에 있었다. 마치 어릴 적 가짜 돈을 친구와 주고받으며 하던 소꿉장난처럼. 그래서 열심히 장사하지 않았다. 입간판은 준비해 놓고 잘 꺼내놓지도 않았다. 올 사람은 온다는 마음으로 신제품 배치를 한 후 커피나 마시러 방으로 들어오곤 했다. 그러다가 결국 지인인 손님이 와서 물건을 고르면 말도 안 되게 저렴한 가격으로 몽땅 물건을 팔아버렸다. 모두 '복많네'에 와서 배운 삶의 자세였다.

낯설고 긴 놀이, 복많네

2024년 XX월 XX일

'복많네'를 6개월쯤 고친 시점에 예술교육 키트 6,000개를 제작, 포장하는 일을 하게 되었다. 아마 '복많네'가 없었다면 공간이 없어서 그 일을 거절해야 했을 것이다. 구들방과 마루, 별채까지 물건을 보관하면 될 것이라는 막연한 생각으로 키트 제작을 시작했다. 나중에 물건들이 마구 '복많네'로 들어오면서 내가 부피에 대한 감각이 매우 떨어진다는 것을 알았다.

어쨌든 그 시기에 덜 바쁜 주변 친구들을 불러 모아 함께 상자를 접고 물건을 포장하기 시작했다. 말과 글에 능숙해져야 했던 도시 사람들이 모여 지퍼백에 공을 넣고 상자를 옮겼다. 다들 이제 적성을 찾은 것 같다며 넘치는 일감에 설레기도 했다. 누군가를 위한 일을 하고 있지만 각자에게 오래된 숙제를 하는 것 같기도 했다.

우리는 먼지 속에서 물건을 포장하다가 강아지를 끌어안고 사진을 찍다가 사과즙으로 당 충전을 하고 다시 포장을 하며 한 달 정도의 시간을 보냈다. 서너 명씩 짝을 지어 '복많네'와 주변 숙소에서 잠을 자며 참 부지런히도 일하고 빠짐없이 놀았다. 친구 사이였던 일꾼들은 밤마다 모여 앉아 진로와 사랑과 돈에 대한 고민을 나누었다.

  모두가 집으로 돌아갈 때쯤 '복많네'는 '재활원'이라 불리게 되었다.

낯설고 긴 놀이, 복많네

2022년 8월 16일

어제 시골길에서 이반장과
온몸에 진드기가 붙은 강아지를 구조했다.
이번엔 정말 더 데려오지 않으려고 했지만
강아지의 상태가 너무 안 좋아서
일단 달리던 오토바이를 멈추고 다가가
"이리와"라고 했다.

슬슬 눈치를 보며 우리 품으로 온 강아지를 안고
집으로 달려왔다.

몇 시간 동안 진드기를 떼어내고 미용도 하고
오늘 병원에 데려갔다.
건강 상태를 확인했는데
"보기와는 다르게 건강하네요"
허허 웃던 의사 선생님.

치아를 보니 한두 살 정도의
발랄한 여자아이였다.

비가 쏟아붓던 어젯밤부터
이 녀석은 '복많네' 식구가 되었다.

어서 털복숭이가 되라고 '복숭이'라고 이름을 붙였다.
"복숭아"라고 부르면
호박, 당근이와도 느낌적으로 잘 어울린다.

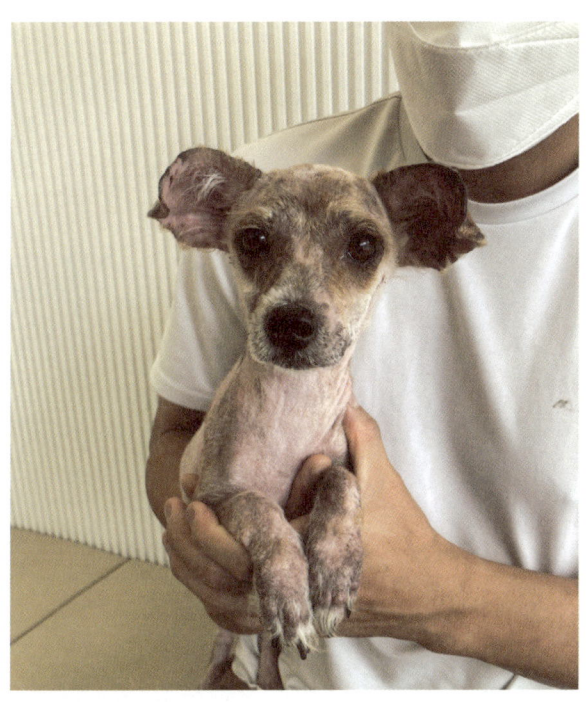

낯설고 긴 놀이, 복많네

5. 유구리라는 세계에 기대어

2021년 6월 3일

요 며칠 오랜만에 여러 사람들을 만났다.
"멀리 이사 가셨다던데 어디 사신다고 했죠?"
라는 질문을 받았는데

내가 있는 곳이
누군가에게 너무 정확하게 인식되지 않는다는 게
오히려 편안했다.

2021년 7월 17일

살아가는 데에 기댈 곳은 꼭 필요한 것 같은데
그렇다고 밖을 향한 미움이나 분노에 기대어 살면
나도 쭈글쭈글해지는 것 같다.
그랬던 것 같다.

좀 많이 쩌버린 옥수수를 보다가
곤두서있던 시간이 떠올랐다.

2021년 10월 11일

누군가는 매일 출퇴근을 하며
부지런히 세상을 돌리고 있어서
우리 같은 사람들은
속 편한 하루도 보낼 수 있는 거겠지.

사람마다 원하는 낭만과 여유가 달라서
덕분에 우리가 달리는 길은 붐비지 않는다.

2022년 5월 9일

시골로 이주한 후
친구들이 더 자주 놀러 온다.

이곳까지 오는 시간이 더 길어졌는데도
애써 일정을 잡고 오는 걸 보면
누군가에게는 어딘가를 잠시 떠날 이유가
필요했던 것 같다.

'유구리'든 '복많네'든
친구들의 공식적인 이유나 핑계가 될 수 있다면 좋겠다.

2022년 5월 25일

코로나 직전에 전국 규모의 큰 프로젝트를
준비하고 있었다.
그때 쓴 제안서를 보면
마치 바이러스 전파를 위한 계획처럼 보인다.

코로나로 프로젝트도 나도 멈출 수 있었다.

요즘은 5월 끝의 노란색을 처음으로 보며 산다.
아들은 느린 걸음으로 친구를 초대한다.

지금을 나중에 떠올리게 된다면
프로젝트 제안서를 다시 볼 때의 마음과
많이 다를 것 같다.

2024년 XX월 XX일

어느 정도 생활이 가능할 정도로 '복많네'를 고친 시점부터 주변 예술가들을 위한 〈명당 레지던시〉('복많네'는 '명당안터길' 위에 있었다)를 시작했다. 예술가들이 한 달씩 '복많네'에 머물며 자신에게 의미가 있는 창작을 하고 발표도 해보는 시간을 마련했다. 이것도 오래전부터 이반장과 해보고 싶었던 것이었다.

첫 번째로 레지던시에 참여했던 예술가는 우리와 놀다가 한 달을 거의 다 써버렸다. (그 사람이 이 책을 디자인하고 있다.) 우리도 신나서 방방을 같이 설치하자, 뒷산도 구경가자, 맛있는 거 먹으러 가자 하고 그를 귀찮게 했다. 우리는 결국 셋이서 같이 전시를 하며 레지던시를 마무리했다. 나는 전시 서문은 썼는데 '복많네' 마당에서 방방을 같이 신나게 타고 온 날, 글을 후루룩 썼다.

깡깡

사람들은 각자의 무언가를 밖으로 꺼내어 보여주며 살아간다. 혹은 보여내라는 요구 안에서 살아간다. 그런데 누군가가 꺼내놓는 것이 모두 보여줄 만한 것도 아니고 보여주고 싶은 것도 아니다. 꺼내놓는다는 것이 한평생의 숙제 혹은 어려움인 경우도 많다. 전시라는 건 그럼에도 잠시 무언가를 보여주는 것일 뿐이다. 예술가가 드디어 자신의 것을 꺼내놓았는지는 아무도 모른다.

그렇게, 시골 마당에서 먼 하늘과 가까운 잡초를 향해 여전히 전시와 예술을 읊조리던 순간, "깡깡" 하는 기운이 느껴졌다. 그것이 고양이를 쫓는 바로 옆 강아지의 짖음인지 이제야 떠오른 누군가의 외침인지, 계절따라 태어난 새로운 표현인지는 명확하지 않다. 어쨌든 무언가를 꺼내놓고 싶어졌다. 혹은 "깡깡" 하는 소리 또는 시간과 함께 무언가가 밖으로 나왔다. 그 모양이나 기운이 예술가에게도 낯설다면 이곳은 예술적 영감의 명당이 될 것이다. 하지만 각자의 명당은 위치도 시간도 다르다. 매우 다른 시선과 욕망들이 엇갈리는 사이 명당 레지던시에서 만난 세 명이 이유 모를 "깡깡"에 비슷하게 꽂혔다. 이제, 때마침 밖으로 나온 것들을 펼쳐놓는다.

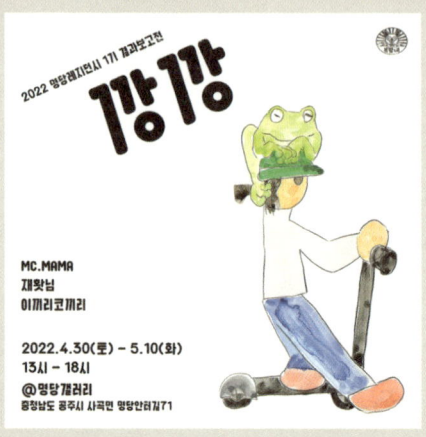

추임새를 부탁해

그 이후에도 레지던시에 참여한 여러 예술가들이 '복많네'에 한 달씩 머물다 갔다. 그들은 자신에게 필요한 어떤 시간을 선택한 사람들이었다. 그래서 각자의 속도와 방식으로 작업을 하거나 일상을 보냈다. 호박, 당근, 복숭이가 든든하게 주변을 지키기도 했고 밥을 내놓으라고 눈빛을 쏘기도 했다.

그사이 데려오거나 줍거나 고치거나 애써 모은 복들이 '복많네'의 구석구석을 채웠다. 도대체 이 복들의 조합은 어디서부터 시작된 걸까. 어쨌든 깡깡 짖다가 슬슬 살다가 다시 왕왕 짖고 크크 웃는 시간들이 그곳에 있었다.

레지던시 입주작가 모집 소개글

2023 명당레지던시

상반기 입주작가를 모집합니다.

명당레지던시는 '자신에게 보여줄 작업을 하고
발표하는 순간'을 응원합니다.
명당레지던시가 이루어지는 시골집 '복많네'는
관객이 거의 오지 않는 곳입니다.
그래서 자신에게 온전히 집중하며
창작을 할 수 있는 곳이기도 합니다.

창작자는 타인에게, 예술계에게 혹은 지원제도에게
'예술하는 나'를 보여줘야 하는 순간이 많습니다.
그 순간도 중요하지만
모든 작업이 외부의 기준만을 향하면
창작자는 공허함 속에 남겨지기도 합니다.
하지만 그것은 각자의 선택으로 인한 결과이기도 합니다.
명당레지던시가 창작자에게
'지금 필요한 선택'이 되길 바라며
누군가의 발걸음을 기다립니다.

유구리라는 세계에 기대어

2024년 XX월 XX일

'복많네'는 유구리와 다소 떨어진 동네에 있었다. 유구리 안에서 빈집을 구했다면 좋았겠지만 한군데 고민이 되었던 빈집에서 거대한 뱀이 우리를 쳐다봐서 바로 마음을 접었다. 어쨌든 이런저런 이유로 '유구읍 유구리' 집에서 차로 15분 거리에 있는 '사곡면 화월리'에 '복많네'를 만들게 되었다. 그런데 재미있었던 것은, 우리의 삶을 SNS나 소문으로만 접하게 되는 사람들 대부분이 '복많네'를 포함한 일상을 모두 '유구리'에서의 시간으로 인식한다는 것이었다. 그건 이주 후 2년간 내가 활동명을 '유구리 최실장'으로 사용했기 때문이기도 하다. 예술가, 기획자, 연구자 등으로 스스로 소개하기에 좀 민망하기도 하고 동네 이름을 넣은 낯설고도 만만한 이름을 쓰고 싶어 친구가 던진 농담을 그대로 받아 '유구리 최실장' 명함을 만들고 공식적인 활동을 이어갔다. 나도 처음 살아보는 동네의 이름을 일터에서, 지면에서, 회의 자리에서 사용하며 '유구리'라는 세계관 속에서 활동을 시도해 본 것이다.

그 시도는 예상치 못한 순간에 다소 재미있는 농담처럼 나에게 돌아오곤 했다. 매우 딱딱한 회의 자리에서 어

디 대표님, 센터장님, 교수님, 본부장님과 나란히 '유구리 최실장'으로 소개되기도 했고 그 명패 앞에서 진지하게 발언을 하기도 했다. 혹은 일 때문에 연락을 나누는 사무적인 관계에서 "실장님이라고 부르면 되나요?"라는 질문을 종종 받기도 했다. 그중 가장 재미있었던 건 묘하게 틀린 호칭으로 내가 소개될 때였다. '우규리 최실장', '우주리 최실장', '유도리 최실장' 등등…

어쨌든 '유구리' 세계관 놀이는 꽤나 흥미로운 경험들

유구리라는 세계에 기대어

로 이어졌는데 그 이유는 주로 대도시에 사는 사람들이 '유구리'를 각자가 그리고 있는 전형적인 시골의 모습으로 인식하기 때문이었다. 그래서 비가 많이 오면 누군가는 집이 괜찮은지 나에게 묻기도 했고 내가 동네에서 햄버거를 사 먹었다고 하면 햄버거집도 있냐고 놀라기도 했다. 물론 유구리든 화월리든 배달앱도 안 되고 해가 지면 사방이 캄캄한 시골이기는 했으나 도시 문물과 완전히 동떨어진 촌락 마을은 아니었기에 사람들의 이러한 반응은 신기하기도 했다. 한편으로 나 역시 저 멀리 어느 농촌 마을, 어촌 마을의 일상을 머릿속에 그려본다면 비슷한 설정과 질문을 하게 될 거라는 생각도 들었다. 인간은 자신이 실제로 경험한 것보다 알고 있다고 여기는 범위에서 무언가를 인식하게 된다는 생각도 들었고 나도 그런 사고 안에서 여전히 많은 이야기에 겁을 먹으며 살고 있다는 생각도 들었다.

어쨌든 한동안 내가 SNS에 '유구리 최실장'이라는 정체성으로 빈집을 보러 다니고 고치는 과정, '복많네'에서의 일상, 강아지들의 표정 등을 공유하면서 우리의 일상은 더욱 '유구리'라는 세계관을 견고하게 만들었다. 그래서 많은 사람들이 '복많네'에 놀러가고 싶다는 말을 "유구리에 가고 싶다"는 말로 표현했다. 그런데 이런 말속에서 내가 느낀 건 실제로 그 동네가 궁금하다는 관심보다는 "지금 살고 있는 이곳을 떠나 강아지들도 뛰어다니고 잡초도 마구 자라는 곳, 누군가 어설프게 고친 빈집도 있는 다른 세계로 잠시 가보고 싶다"는 마음이었다. 왜냐하면 실제로 유구리 집이든 '복많네'든 놀러 온 사람들은 자신이 살고 있는 환경이나 선택한 일상의 패턴이 이곳과 얼마나 다른지, 그 차이로 인한 일시적 인상에 더욱 빠져들었기 때문이다. 어쩌면 사람들에게는 충청남도 어디쯤에 있는 '유구리'라는 동네를 방문하는 것이 아니라 평소와 다른 삶의 속도나 환경을 경험하는 것이 더 필요했던 것인지도 모른다. 내가 그러했듯이 말이다. 그렇기에 나는 '유구리'라는 지명을 가진 동네 안에서 살았지만 나와 주변인들은 의미적으로 '유구리'라는 낯선 세계에 기대어 잠시 살았던 게 아닐까. 사람들이 한두 번 '복많네'에 놀러 왔다가 집에 돌아간 후 "그때의 기억으로 요즘도 산다"는 말을 하곤 했는데 돌이켜 생각해 보면 '복많네'에서 특별하거나 그럴싸한 경험을 한 것은 아니었기 때문이다. 우린 그저 마당에 앉아 볕을 쬐거나 마루에서 먼 산을 보거나 어릴 때 탔던 방방을 함께 타거나 양철 밥상 주변에 모여 앉아 사는 얘기를 나눈 게 전부였는데.

'유구리'에서의 시간이 훌쩍 지나가버린 지금, 문득 이런 생각을 하다 보니 제2의, 제3의 '유구리'를 찾으며 살아가면 되겠다는 설렘도 생긴다. 어딘가에 각자의 '유구리'가 있겠다는 생각도.

유구리라는 세계에 기대어

6. 그때 가봐서 아니면

2022년 9월 1일

공주시 유구리로 이주했던 이유 중 하나는
읍내에 서울행 노선이 있는
버스 터미널이 있었기 때문이다.

하지만 이주 후 코로나의 장기화로
노선은 모두 사라졌고
다시 생길 기미가 보이지 않았다.

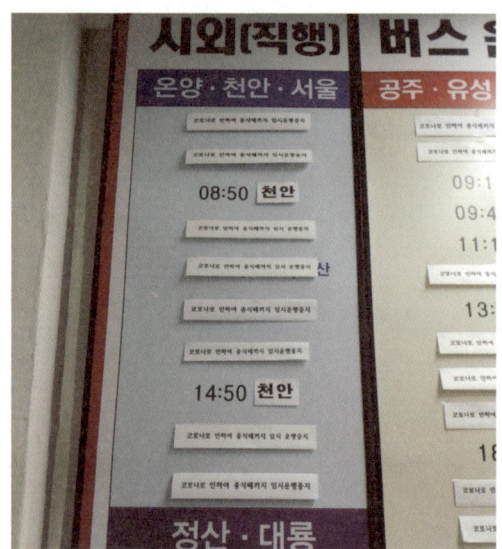

2024년 XX월 XX일

2년 남짓 기간 동안 유구리와 '복많네'에서 여한 없이 하고 싶은 것들을 해봤다. 산 사이로 오토바이도 실컷 탔고 뜬금없는 사건들도 만났다. 계획이 아니라 그 사건을 따라가도 하늘이 무너지지 않는다는 것, 오히려 마음의 사건도 들쭉날쭉 생긴다는 것, 그것도 나쁘지 않다는 것을 처음으로 알았다. 유구리에서 더 오랜 시간 머무를 수 있었다면 더 많은 것을 알고 얻게 되었을까. 그럴 가능성을 놓아버리는 건 영민한 선택이 아니었을지 모르지만 우리에게는 똑똑하고 효율적인 선택만이 필요한 건 아니라는 것도 배웠다. 그래서 다시 이주를 결심했다.

그 배경에는 현실적인 이유들이 컸다. 무엇보다 중학교 입학을 앞둔 아들이 가깝게 다닐 학교가 고등학교까지 고려했을 때 마땅치가 않았다. 시골의 방식대로 적당히 버스 타고 다니면 되겠거니 생각했던 건 큰 오산이었다. 동네에 사는 중학생들에게 학교에 대한 이야기를 들어보니 가까운 학교라고 무조건 갈 수 있는 것도 아니었다. 그리고 먼 학교를 다니는 상황 자체가 아들에게 힘들 수 있겠다는 생각이 들었다.

그리고 새롭게 늘어난 세 마리의 강아지 식구들도 삶의 변수였다. 그렇게 커질 줄 모르고 데려온 호박, 당근이를 보니 제법 큰 마당이 필요해 보였다. 또한 '복많네'에서 매일 우리가 오기만을 기다리는 강아지들을 계속 집과 다른 공간에 살게 할 수는 없었다. 그래서 사람 셋, 강아지 다섯이 함께 살 넓은 집이 필요했고 결국 이만저만한 사정들로 충남 홍성군 소도시로의 '재'이주를 결정했다. 2년 전에는 계획에 없던 이주였으나 불확실한 미래에 조금씩 적응이 되어가고 있었기에 결정은 생각보다 빠르게 내릴 수 있었다. 일단 일을 벌이고 다음을 생각하며 생활의 사이즈와 방식을 찾아가는 이 미련한 스타일은, 역시 바꾸지 못하고 있달까. 혹은 강아지를 핑계 삼아 더 넓게, 더 마음대로 살아보자고 인간이 끊임없는 욕망을 발명해 내는 것일지도.

그때 가봐서 아니면

2024년 XX월 XX일

홍성을 선택한 이유는, 일단 기차역이 있어서 서울을 오가기 편하고 아들이 걸어서 학교를 다닐 수 있는 환경이었기 때문이었다. 그리고 무엇보다 전북과 충북까지 두루두루 살피다가 홍성에 처음으로 집을 보러 왔는데 집이 너무 '예뻐서' 그 자리에서 바로 이사 결정을 했다. 경험을 통해 형성된 "집은 느낌이야"라는 진리를 따르며.

그때부터 지금까지 여러 사람들에게 두 번째 이주에 대해 여러 질문을 받고 있는데 '아깝지 않냐'는 내용이 가장 많았다. 왜 그런 질문이 많을까 생각이 드는데 그 외에 서로 어떤 질문 혹은 응원을 할 수 있을까 생각도 든다. 거주지를 옮기는 것은 현실적으로는 가장 효율적이어야 할 결정이자 자산을 효과적으로 운용하는 선택이기도 해야 하니까. 그런데 집도 충분히 누리고 심지어 가지고 놀고 나면, 그리고 동네도 충분히 즐기고 나면 '아깝다'는 생각보다는 '이제 됐다'는 생각이 들기도 한다. 라고 쿨하게 말하기엔 나도 망설였던 건 사실이다. 하지만 예전보다는 덜 겁을 먹고 더 좋은 선택도 상상하며 다시 몸을 크게 움직여 보았다. 그리고 홍성에 온지 1년이 다 되어가는 지금, 마치 공주에서 그랬던 것처럼 이미 오래전부터 홍성에 살았던 사람처럼 적응을 마쳤다. 수도권에서 긴 일정을 끝낸 후 '어서 홍성 가야지'라는 마음속 외침이 자연스럽게 자리 잡게 된 것처럼.

2024년 XX월 XX일

이사 준비로 한창 바쁜 시기가 시작될 때쯤, 귀봉이의 눈 건강이 급속도로 악화되었다. 백내장 기미가 있었던 눈이 충혈되고 튀어나오는 듯했는데 강아지 안과 진료를 제대로 받으려면 크고 전문적인 동물병원에 가야 해서 공주에서 대전까지 한동안 장거리를 다녔다. 이반장이 운전을 하고 내가 귀봉이를 달래며 고속도로 위를 달리는 날들이 많았는데 이미 두 마리의 강아지를 떠나보낸 경험이 있어서 이번 드라마는 어떤 절정과 결말로 치닫게 될지 무섭기도 했다. 하지만 이반장과는 그런 대화를 많이 하지 않았다. 둘 다 엄청난 긴장과 걱정을 하고 있었지만 오늘에 최선을 다해보자는 마음만이 전부일 수 있다는 것도 알고 있었다.

귀봉이의 눈은 녹내장까지 심해졌고 성공률이 높다는 수술도 몇 차례 받았으나 나아지지 않았다. 수의사님은 이런 경우를 처음 본다고 안타까워하셨고 수술비를 깎아주기도 하셨다. 귀봉이는 이후 또 수술을 받았고 약도 잘 먹었지만 결국 온 가족이 이사를 하기 직전 양쪽 눈을 적출하게 되었다. 결국 이 드라마는 양쪽 눈두덩이에 실밥을 하고 우리를 뒤뚱뒤뚱 쫓아다니는 귀봉이의 모습으로 끝난 것이다. 우리는 속상했고 속상했다.

그런데 드라마의 다음 시즌은 이미 시작되고 있었다. 귀봉이는 더 이상 통증을 느끼지 않았고 새집에서 계단과 길을 신기할 만큼 잘 찾아다녔다. 눈이 있을 때에는 듣지 못하던 "똑똑하다"는 칭찬을 매일 들으며 변함없이 배를 뒤집고 공을 물어 왔다. 그리고 마지막 실밥을 풀던 날, 귀봉이는 진정한 웃상이 되었다.

눈이 없는 개가 우리와 함께 산다니. 가끔은 그렇게 귀봉이에게 벌어진 일들로부터 거리를 두고 삶의 에피소드에 헛웃음을 짓기도 한다. 그러다 방긋 웃는 눈 모양 스티커를 귀봉이 얼굴에 야무지게 붙이고 사실 너 좀 너무 귀엽다고 깔깔 웃는다. 그러다 문득 동그란 눈을 가진 귀봉이의 예전 사진을 보면서 '이쁘긴 했다'고 작지만 큰 마음으로 말한다.

강아지들과 함께 살며, 어찌할 수 없는 일들이 우리에게 쏟아지는 순간을 종종 경험한다. 제일 만나고 싶지 않았던 결말도 만나고 그게 또 지나가고 나면 그냥 '지나갔다'는 것에 마음을 내려놓기도 한다. 더 좋은 결말은 어떻게 가능했을까 생각하는 게 무슨 의미가 있을까 싶기도 하다. 이번엔 그저 병원비를 낼 수 있어서 다행이었다.

수술도 끝까지 해볼 수 있어서 다행이었다. 아픈 봉우리를 코앞에 두고 이 수술은 얼마인데, 저 주사는 얼마인데 그런 걱정을 해야 했던 예전과는 상황이 달라져서 참말 다행이었다. 그리고 귀봉이가 있다. 아직, 우리 곁에 있다.

더 나은 선택을 할 수 있는 삶을 꿈꾸기도 하지만 어떤 선택을 할 수 있는 상태 자체가 귀하다. 귀봉아, 여기 오래오래 있어라. 같이 볼 수 있는 것 대신 같이 할 수 있는 게 많다는 걸 이제야 알았으니까.

2022년 12월 20일

2개월 후, 이사를 하기로 결정했다.
그 말인즉, 2개월 안에
보일러도 고치고 수도도 고치고
다락방 물탱크도 철거하고
씽크대도 만들고 선반도 만들고
도배장판도 하고
몽땅 다 해야 한다는 뜻이다.

근데 이 와중에 우리는
우리가 직접 몇 가지는 해보려고 한다.
줄자를 들고 집안 곳곳 사이즈를 재다가
하루가 다 가버리기도 하지만.

2023년 1월 11일

샹들리에와 솥단지가 공존하는 홍성집은
'복많네'처럼 직접 뜯어고칠 수 있는 게 많지 않다.

실용성 대신 운치가
집안 곳곳에 묻어 있는데
그걸 잘 남기는 것이 관건이다.

2024년 XX월 XX일

새로 이사 갈 집을 구할 때 우리에게는 몇 가지 기준이 있었는데 그중 하나는 작은 '복많네' 같은 공간이 마당 한쪽에 있어야 한다는 것이었다. 그러니까 딴짓을 할 수 있는 장소가 더욱 생활 가까이 있어야 했다. 그것은 정확히 '복많네'를 경험하고서 갖게 된 기준이었다. 예전에는 (그럴 수 있는 상황도 되지 못해서) 몸을 누일 집만 안정적으로 있으면 된다고 생각했는데 그때와는 다른 삶의 기준이 추가되었다. 그것은 '재미'였다. 따뜻하고 편하게 쉴 수 있는 공간도 중요하지만 그것은 어떤 면에서 계속 일이나 작업을 하기 위해 필요한 보조장치 같은 것이었다. 하지만 재미있게 살기 위해서도 공간이 필요하다는 것을 알게 되었다. 유구리에 살 때 본 동네 사람들도 주로 그런 공간에 모여 여가 시간을 보내고 있었다. 사람들을 속옷 가게 모여 김장을 담그고 정육 식당 한쪽 구석에서 카드 게임을 했다. 간판이 없는 상가 가게나 사무실 안에도 '너무 열심히 일만 하지 않는' (혹은 그래도 상관없는) 사람들이 모여 무언가를 하고 있었다.

'복많네'에서 주로 먼 산을 보거나 친구들과 이상한 일

을 도모하거나 고구마을 구워 먹던 우리는 이제 그런 공간이 삶에 반드시 필요하다고 전제하게 되었다. 그래서 특히 '별채'가 있는 집을 눈여겨보았다. 별채라 함은 물건만 적재해 놓는 창고와는 사뭇 다른 분위기를 풍겨야 한다. 창문도 넉넉하게 있어야 하고 바람도 잘 막을 수 있어야 하며 무엇보다 내부에서 무언가를 할 수 있을 정도의 사이즈를 가지고 있어야 한다. 새롭게 구한 홍성 집 마당에는 바로 그런 조건의 별채가 있었다. 몇십 년 전에 식모나 집사가 살던 곳. 그래서 재래식 화장실과 아궁이,

구들방이 있는 공간. 고작 6평 남짓한 공간이었지만 우리는 그곳을 보자마자 어디부터 어떻게 부수고 고칠까를 생각하였다.

'복많네'를 한 번 고쳐봤기 때문에 그런 생각도 마구마구 할 수 있었던 것 같다. 더불어 어떤 식으로 수리를 시작하면 몸만 축날 수 있다는 것도 아주 조금 예상할 수 있었다. 어쨌든 우리는 고된 노동과 뿌듯한 결과물을 동시에 상상하면서 일단 집을 계약하고 천장과 바닥 철거 업체부터 알아보기 시작했다. 통장에 남은 돈과 만들고 싶은 공간의 모습을 번갈아 살피며 창문의 모양을 생각하고 바닥의 높이를 결정했다. 그리고 벽지 뜯기부터 바로 시작했는데 '복많네'에서 같이 놀았던 친구들이 서울에서 내려와 며칠씩 힘든 일을 도와주기도 했다.

그렇게 다른 이름의 '복많네'를 주변 사람들과 함께 만들어 나가며 홍성에서의 생활을 시작하였다.

그때 가봐서 아니면

2023년 2월 1일

다음 주 월요일,
드디어 배달앱을 쓸 수 있는
읍내 가운데로 이사를 가지만

이곳도 도시가스와 새벽 배송은 불가능하다.
1년에 한 번, 정화조도 퍼야 한다.

2023년 2월 3일

'복많네'에서
문짝을 잘라 씽크대를 만들던 기억을 떠올리며
이번에는 더 튼튼하게 만들어 보고 있다.

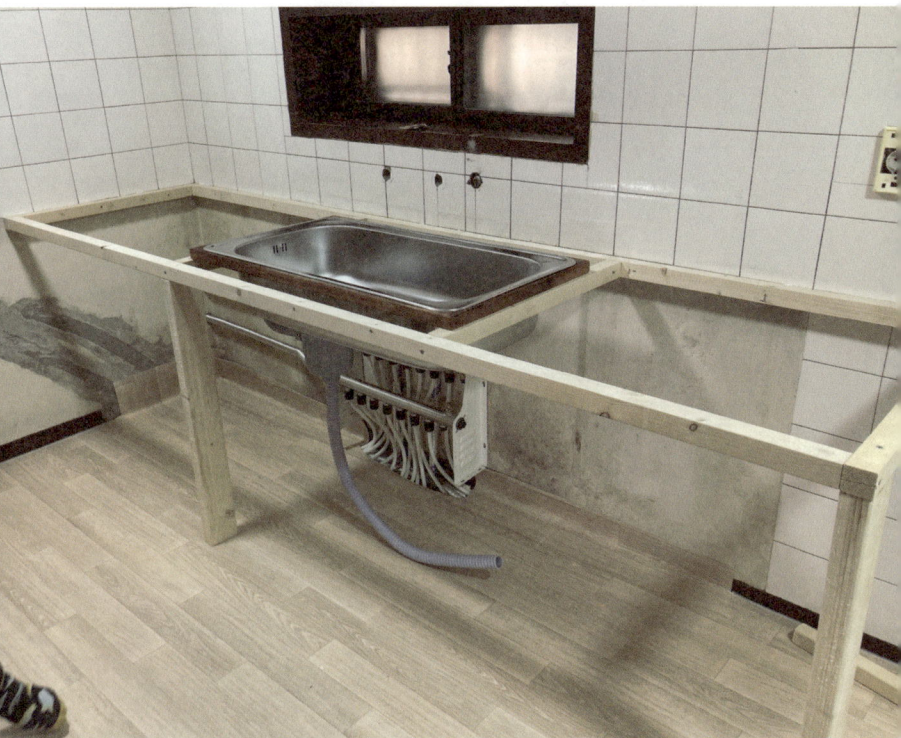

2024년 XX월 XX일

홍성으로 이사를 한 후 서너 달이 지날 때까지도 공주시에 있던 '복많네'에서는 예술가들이 한 달씩 머무르면 작업을 하는 레지던시를 운영했다. 그 사람이 어떤 작품을 만들어 냈는지가 중요한 레지던시는 아니었기에 각자가 자신에게 의미가 있는 방식으로 시간을 보냈다. 우리는 예술가마다 입주하는 날에 '복많네'에 가서 세탁기 돌리는 법, 보일러 쓰는 법, 별채 문 잠그는 법 등등을 알려주고 입주 기념 장보기를 함께 했다.

그건 사실 그 자체로는 별거 아닌 일들이다. 주변 사람들과 공간과 마음을 나누는 일. 그걸 좀 해보고 싶었는데 왜 많은 시간과 조건이 필요했을까 생각도 들었다. 어쩌면 더 많은 돈, 더 안정적인 시스템, 더 특별한 기획 같은 게 필요하다고 여기며 실행을 미루고 미뤘을지도 모른다. 그런데 '복많네'에서는 더 잘하고 싶은 마음보다 일단 해보자는 마음이 컸다. 그래서 우풍도 좀 있고 거미줄도 많고 변기 물도 시원시원하게 내려가지 않는 '복많네'지만 사람들을 초대했던 것이다. 우리의 시간도 흘러가고 있고 그래서 흘러가버리기도 하니까. 하고 싶다는 마음이

불끈 올라올 때 그 기운을 몰아서 어쨌든 무언가를 해보는 것이 중요했다. 그랬더니 예술가들이 각자의 목소리와 움직임으로 그 기운을 이어 나갔고 다른 사람들에게 그것이 전해지기도 했다.

그리고 뜨거운 여름이 거대한 비를 몰고 오기 직전, 레지던시는 마무리되었다. 한편으로 다행이었다. 몇십 년 만에 공주에 큰 비가 내렸는데 '복많네' 뒤편 산에서 토사가 마당까지 조금이지만 흘러 내려왔다. 우리는 2주에 한 번씩 '복많네'에 가서 마당을 정리하고 집안 곳곳을 체크한 후 집에 왔다. CCTV로 마당과 방 안을 보며 수시로 상태를 확인하기도 했다.

결국 작년 가을, '복많네'를 최종적으로 정리했다. 공간을 보러온 공인중개사마다 매우 다른 반응을 보여서 흥미로웠는데 집을 어설프게 고쳤다, 고치다가 만 것 같다고 하는 사람도 있었고 센스 있게 꾸며놨다고 하는 사람도 있었다.

마지막으로 '복많네'의 물건들을 정리하던 날, 나와 이반장은 땀을 쏟으며 마당에서 방방을 탔다. 만세를 부르다가 "잘 놀았다!"라고 소리쳤다. 그럼 마치 아름다운 청춘 영화의 한 장면 같겠지만 실제로는 "아이고, 힘들어서 오래는 못 타겠다" 하며 내려왔다. 마흔 언저리를 사는 우리에게 '충분함'은 그리 영원하지 않아도 괜찮았다.

7. 나에게, 지금이라는 세계를

2023년 1월 14일

하루하루
어딘가로 빠져나갈 구멍을 찾다 보면
그게 가장 예술적일 때가 많다.

1년 전 해둔 이상한 낙서를 보다가
지금은 어느 구멍을 통과하고 있는 걸까
궁금해졌다.

단 하나의 돌파구는 재미가 없다.

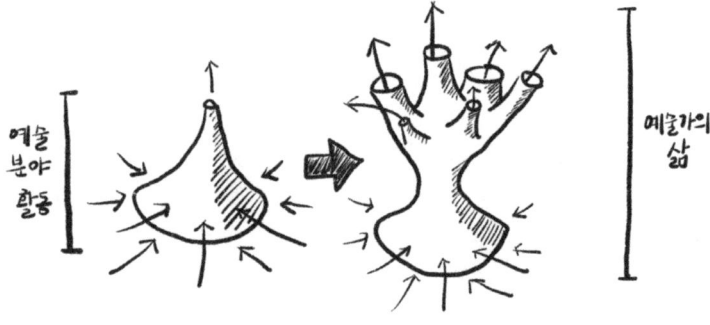

2023년 5월 1일

코로나 전에
같이 무전기 들고 뛰어다니며
일하던 사람들이 놀러 왔다.

그땐 꼬마였던 아들도
대화에 끼고 함께 산책을 한다.

바다가 가까워 고마운 날이다.

2024년 XX월 XX일

공주에서 홍성으로 큰 짐들을 옮기고 난 후 강아지 5마리도 무사히 옮겨왔다. 마당이 넓어져서인지 강아지들은 금방 변화된 환경에 적응하고 여기저기에 영역 표시를 했다. '복많네'에서 따로 지내던 호박이, 당근이, 복숭이는 우리와 매일 함께 살며 간식을 더 자주 먹게 되어 그야말로 얼굴이 폈다. 반면 에너지 넘치는 마당 개들과 한 울타리 안에 살게 된 귀봉이, 복많이는 약간 당황한 것 같기도 했다. 그래도 마당에서 간식을 나눠주면 모두가 마당 모드가 되어 한목소리를 내곤 했다.

나에게, 지금이라는 세계를

어쨌든 넓은 마당의 주인이 된 강아지들을 보는 건 그 자체로 큰 복이었다. 널브러져 자고 또 자고 그러다 우르르 뛰어다니는 녀석들이 부럽고 고마웠다. 나는 가끔 아침 기차를 타고 서울에 가면서 "엄마가 사룟값 벌어올게"라고 인사를 하기도 했다. 강아지들이 우리에게 요구한 것은 없었지만 우리는 부지런히 돈도 벌고 집도 고치며 그분들이 더 넓고 고즈넉하게 일상을 보내도록 애썼다. 애씀 그 자체가 일과 작업의 가장 큰 원동력이자 목표가 되기도 했다. 복이 넘치는 풍경을 지속시키고 싶으니까. 그 안에서 계속 살고 싶으니까.

2023년 2월 17일

복은 굴러 들어오지 않는다.

그래서 친구들과
복을 만드는 일을 시작한다.
돈도 벌거다.

라며 또 일을 벌여
집 마당 별채에
'복많관'이란 이름을 붙였다.

일단 창문부터 달고
하나씩 놀듯이 복을 만들어 나갈 예정이다.

변함없는 주인장 복많이에게
간식을 바치고 최종 결재를 받았다.

나에게, 지금이라는 세계를

2024년 XX월 XX일

 '복많네'에서 예술가, 기획자 등등이 시골집에 모여 예술 교육 키트를 포장하던 지난 겨울을 떠올리며 "이것이 힐링이다, 게다가 적성이구나" 깨달아서 '복많관'이라는 이름의 공간을 진심으로 준비하게 되었다. 짧고 굵게 일하고 가늘고 길게 놀던 그때의 경험을 바탕으로.
 "일단 열심히는 해보지만 절대 올인하지 말자"고 다짐하며. 그럼에도 돈 걱정을 덜 하며 작업 혹은 삶을 이어

가고 싶었기에 마음이 맞는 예술가들과 소품이나 굿즈를 대량 생산하여 판매해 보려고 했다. 정말 그러려고 했다. 2022년 크리스마스에 '복많네'에 마음 맞는 사람들이 모여 뒹굴거리며 나름 조직도도 그리고 서로의 사업자명도 추천해줬다. 그러나 역시 무엇을 하느냐보다 누가 그것을 하느냐가 중요한 법. '복많관'을 연지 반년이 지나가니 나와 이반장을 포함한 5명의 개별 성향이 더 뚜렷하게 확인되었다.

작은 물건, 아니 상품을 많이 생산하려 했으나 역시나 그런 성향의 인간이 '복많관'에 없어서 우리는 작은 걸 조금 만드는 그 과정에 좋아하고 있었다. 한 땀 한 땀 완성도를 높이고 정성까지 들여. 단가 계산을 하는 순간에는 서로 말이 없어졌는데 이상하게도 허허 웃음은 잃지 않았다. 심지어 한 명은 이 모든 상황에 격하게 박수를 치고 감동을 하기도 했다.

역시 대량 생산은 안 되겠다 싶어질 때쯤, 그럼 우리가 그동안 여기서 뭘 하고 있었나 살펴보니 다른 가능성들이 보였다. 사실 그건 돈 벌기와 여지없이 거리를 두고 있었지만 우리가 평소 하던 일이나 사업의 모습과는 사뭇 다른 에너지를 만들어 내고 있었다.

끊임없이 딴짓을 하게 만드는 에너지, 공식적인 활동

과는 다른 레이어에서 작동하는 꿍꿍이, 창작 같기도 하고 실험 같기도 하고 생활 같기도 한 무엇이 '복많관' 주변으로 흐르고 있었다. 아마도 유구리와 '복많네'를 거쳐 이어진 흐름이리라. 게다가 강아지 5마리까지 합세하여 그 주변에서 부숭부숭하고 구수한 기운을 몰아넣으니 5명의 예술가들은 마당에서 뒹굴거나 옥상에서 이상한 걸 상상하며 '다음에 내가 하고 싶은 것'을 그려보게 되었다. 무엇을 해야겠다는 정확한 다짐이나 계획 대신 무엇을 해보고 싶다는 설렘.

그래서 다시 생각해 보니 '복많관'은 '리소스 센터(resource center)'인 것 같았다. (영어까지 쓰니 좀 있어 보이고 얼마나 다행인가) 삶의 자원, 재료, 바탕은 복이라서 '복센터'라고 볼 수도 있다. 복은 뭘 꼭 만들지 않아도 어떤 시간이나 경험으로 생겨나기에 참 주관적 해석이 가능하다. 그렇게 각자의 해석에 복을 밀어 넣는 시간을 향하며 '복많네'를 삶의 어딘가에 위치시키고 나니 저 6평짜리 공간이 정말 귀하다는 생각이 들었다. 그리고 저 작은 공간을 온전히 독립적이고 자유로운 상황 안에 마련하기까지 대학 졸업 후 16년이나 걸렸구나 싶었다. 한 인간이 책임질 수 있는 자기다운 공간이나 활동의 규모는 생각보다 매우 작을 수 있다는 생각도 들었다. 하지만 그 의

나에게, 지금이라는 세계를

미는 '복많관' 바닥과 천장을 뚫고 뻗어 나갈 만큼 깊고 강력했다. 이 애매하고 오묘한 나의 해석을 어떻게 주변에 설명해야 할까 고민을 하다가 이제는 그런 설명도 굳이 하지 않아도 괜찮겠다는 생각을 했다.

그리고 나는 조용히 '복많관' 한 구석에 다시 잡화점을 꾸몄다. 손님이 오든 말든 이 잡화점의 주인장은 이미 복을 많이 벌었다.

나에게, 지금이라는 세계를

2023년 4월 29일

오늘 만난 사람들이
귀봉이를 신기하게 바라보며

"눈이 많이 작은가봐"라고 하거나
"눈을 못 뜨나요?"라고 묻기도 했다.

그때마다
눈이 아파 적출 수술을 했다고
설명하게 되는 마음과 상황에
가족 모두가 편안해졌다는 걸
오늘 문득 알게 되었다.

슬픔을 걱정하던 지난 가을이
어느새 낯설어졌다는 것도.

···

2023년 5월 21일

아들의 노트에서
멀리 간 봉식이에 대한 시를 발견했다.

)

복식이

힘들한 어느날
이상한 심장이 뛰
죽는 듯한 느낌 을
받았어요. 그러자 나와 함
께 하온 주인이 병원에 데려
갔지요 그리고 다음날 난모
두와 작별인사를 했어요. 우리
주인들은 잘 지 내나........

2024년 XX월 XX일

충남으로 이주하기 전과 비교해 보면 요즘 하는 일의 내용이나 범위가 크게 달라진 것은 아니다. 일의 규모는 많이 줄였고 큰 행사는 아예 하지 않는다. 하지만 여전히 바쁘긴 하다. 나를 잘 아는 사람들은 더 바빠진 것 같다고 말하기도 한다. 수도권에서 멀리 떨어진 곳에 사는 것에 비해 여러 일을 하다 보니 그렇게 인식되는 듯하다.

나는 주로 문화예술 관련 공공기관의 지원사업이나 프로젝트에 결합하여 기획자, 연구자, 멘토, 컨설턴트 등의 역할을 하고 있다. 창작자로 활동했던 경험이 있어서 예술가들의 창작 활동을 지원제도와 연계하는 역할도 하고 예술과 교육을 연결하는 참으로 애매하고 어려운 작업도 하고 있다. 삶 속에서 예술 같은 것을 찾는 것에 관심이 있어 프로젝트 안에서 주로 예술을 전공하지 않은 사람들과 소통하는 작업도 하고 있다. 그리고 그동안 해왔던 것들을 정리해서 강의를 하거나 특정 주제를 바탕으로 연구 사업에 참여하기도 한다.

그때마다 공식적인 자리나 지면에서 여러 활동의 맥락이나 내용을 소개하게 되는데 그때 자주 듣는 질문이, 그런 활동을 기획할 수 있는 아이디어를 어디서 얻느냐는 것이다. 언젠가부터 이 질문이 반복되어서 왜 그런 걸 물어볼까, 혹은 왜 그렇게 질문할까 궁금해졌다. 아이디어라고 하기에 기획의 배경이 되는 것은 너무 긴 삶의 서사를 가지고 있었기 때문이다. 동시에 내가 하는 것들은 너무 소소한 기획이라는 생각도 들어서 그게 아이디어라고까지 할 일인가 싶기도 했다. 그건 모두의 삶 안에 이미 있는 것들이기 때문이다. 그게 예술교육도 되고 프로젝트도 되고 정책이나 제도를 향한 질문도 된다. 다 사람이 살아가는 것에 대한 거니까. 그래서 사업에서 불평등, 차별, 다양성 등의 주제를 만나도 내가 살아온 순간들을 떠올리며 질문을 시작한다.

그리고 요즘은 현재 살아가는 모양을 바탕으로 조금 다른 질문을 이어 나간다. 예전에는 주로 어떤 질문만 했었던 건 아닌지 떠올려 보기도 한다. 그 질문에 매달리는 나에게 만족하며 살기에, 그때의 상황이 참 좋았다는 생각도 한다. 그만두고 떠나고 다시 짓고 옮겨가는 삶 안에서 이제는 내 질문을 여러 방향으로 꺼내어 볼 수 있다는 것도.

2023년 6월 13일

월화수목금토일 빠짐없이
세상의 문제들을 듣고 말한다.
정책의 한계, 지역 간 격차, 차별과 배제,
기후위기, 도시 집중화, 예술의 부재...

8년 전 개인전에서는 세상의 멸망을 말했지만
지금은 분노를 가라앉히려고 음악을 듣는 대신
그 분노 때문에 내가 못 본건 없는지 생각한다.

그리고 집에 와서 잠시 쉬고
오토바이도 타고 강아지들과도 논다.

내가 나를 돌보는 게
거대한 세상을 거대하게 걱정하는 것보다 중요하다.

2024년 XX월 XX일

하고 싶은 걸 '복많관'에서 해보고 있다. 오토바이를 타고 가다가 빈집을 구했던 것처럼. '복많네'에서 잡화점과 레지던시를 열었던 것처럼. 그 힘으로 무언가를 덜 본격적으로 해보는 습관을 키우고 있다. 하고 싶은 것이 계속 생기는 상태를 유지하기 위해. 어릴 적에 숙제를 미루지 않는 연습을 했던 것처럼. 이번엔 주어진 숙제 대신 살다가 내가 낸 숙제를.

근데 이 연습은 열심히 한다고 되는 게 아니다. 알람을 맞추고 정해진 시간에 벌떡 일어나 애써 몸을 움직인다고 할 수 있는 게 아니다. 입시 미술도 매뉴얼로 적어서 반복 연습했던, 그 성공의 맛을 봤던 나에게 이건 참 낯선 연습이다. 그 과정에서 나는 일단 지금과 다른 것을 계속 그려볼 수 있는 상황 안에 살고 있어야 한다.

높은 빌딩들을 보면 더 큰 빌딩의 주인이 되는 그림을 주로 그린다. 매년 개인전을 하는 작가들을 보면 더 자주 더 멋진 곳에서 전시를 여는 나를 주로 그린다. 혹은 반대로 큰 빌딩을 갖지 못한 나, 전시회의 주인공이 되지 못한 나의 모습을 제일 먼저 떠올리고 그때 '그려내야만 하는' 미래를 그린다. 좋아할 수 있는 것들의 범위를 좁히고 그 안에서 나의 처지에 맞는 선택을 하며 세상과 현명한 타협을 했다고 생각하기도 한다. 그건 한편으로는 제한된 상황 안에서 '참고 참아 토해낸 욕망' 같기도 하다. 0순위의 욕망은 애초에 외면하고 저 멀리에 있던 다른 욕망의 머리끄덩이를 잡아 와 내 마음 앞에 던져놓는 것 같은. 그래서 마음을 다해 내 삶의 다음을 그리려면 자유로운 상태에서 '스스로 골라 펼쳐낸 욕망'이 끊임없이 등장할 수 있어야 한다. 이것도 하고 싶고 저것도 하고 싶은 상태가 오늘도 내일도 지속되어야 한다.

이를 위한 연습으로, 하고 싶으니까 하는 것들의 가짓수를 늘려보고 있다. 바쁜 친구, 누워 있는 걸 좋아하는 친구도 부추겨 본다. 나는 이게 하고 싶은데 너는 뭐 없냐고. 같이 해보자고. 그렇게 '복많관'에서 나의 복을 만들고 챙긴다. 참 부지런해야 가능한 일이다. 그냥 먹고 살기도 바쁘고 가지치기도 해야 하고 마당에 강아지들 똥도 매일 치워야 하니까.

그래서 최근에는 덜 거대하게 〈복많 비엔날레〉도 열고 더욱 미련하게 〈재능낭비 day〉도 열었다. 당연히 사업이나 프로젝트의 일환은 아니었다. 사람들이 많이 왔는데 사실 끝나고 엄청 피곤했지만 신선한 행복을 맛봤다. 사람들이 돌아간 후 이반장과 완전히 뻗어버렸는데 이렇게 계속 살아봐도 되겠다고 수근거렸다.

2024년 XX월 XX일

대학 시절 학교에서 단체로 광주비엔날레를 보러 가곤 했다. 나는 한 번 갔었나 기억도 가물가물하다. 비판 의식을 과하게 탑재하고 살았던 나는 비엔날레에 대한 날 선 비평문만 찾아보곤 했다. 어쨌든 그런 관점이나 태도가 지금도 크게 변한 건 아니라서 우리 집 마당에서 소꿉장난하듯 〈복많 비엔날레〉를 열었다. SNS에 소개 글을 올리고 정말 사람들이 올까 기다려 봤는데 예상보다 훨씬 많은 사람들이 와서 신기했다.

복많 비엔날레

지렁이가 꿈틀대는 땅 위에서
〈복많 비엔날레〉를 엽니다.

복많관 사람들이 그동안 만든 이것저것을
마당에 펼쳐두고 함께 놀며 복을 나눕니다.

이번 비엔날레의 주제는
"아임 파인 땡큐, 앤 유?"입니다.

2023.5.18.-5.20. @복많관

*〈복많 비엔날레〉는
"내복내작"을 추구합니다.
(내복내작 : 내 삶을 응원하는 복을 모아 내가 작업한다)

나에게, 지금이라는 세계를

나에게, 지금이라는 세계를

2024년 XX월 XX일

가을이 되면서 바쁜 일들이 많아졌고 더욱 '재미'가 고픈 날들이 이어졌다. 나의 재능, 능력, 또는 성향이 곳곳에 효율적으로 배치되어 쓰여도 모자를 시기였다. 문화예술 분야에 있어서 가을은 주로 그런 계절이다. 다른 식으로 놀아야 재미가 생기는 계절이기도 하다. 그래서 재능을 낭비하기로 했다. 어떤 축제, 어떤 프로그램 현장이 아니라 우리 집 마당에서 재능 같은 무언가가 야무지게 낭비되어 사라지기를 바랐다. 그곳에 온 사람들만 그 순간을 경험할 수 있도록. 나는 그런 게 예술이라고 생각한다. 사진이나 말로는 전달될 수 없는 순간이 뾰족하게 솟아나 잠시 존재하는 것, 어떤 성과나 목표를 향해 전달될 필요도 없는.

재능낭비 day

복많관 사람들이 모여 재능을 낭비합니다.
예술적으로도 보이는 그 재능으로
'돈을 벌어라', '유튜브를 해라', '세상을 바꿔라'
라는 말을 종종 듣지만
일단 스스로를 위해 낭비부터 해보겠습니다.

근데 먼저 재능을 찾는 게 큰 숙제이긴 합니다.

우리의 재능이 설마 낭비되지 못하고
힐링, 재미, 농담 같은 의미를
만들어버리지는 않는지
직접 와서 구경해 보세요.
각자 재능을 들고 와서
낭비해보는 것도 추천합니다!

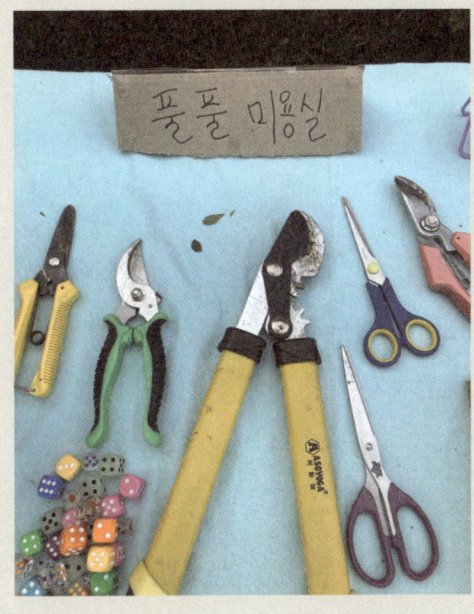

나에게, 지금이라는 세계를

2023년 5월 21일

복은 손 끝에서
매일 타닥타닥 튀고 있다.

그걸 빚어보거나 굴려보거나 두드려 보려는 에너지가
묘하게 집중되던 순간에
비엔날레를 열었던 것일 뿐.

그래서 2년 후에 또 비엔날레를 할지
몇 달 후에 이상한 일을 벌일지는 우리도 모른다.
무언가를 또 하고 싶어질 우리를 응원할 뿐.

예술이나 작업은 모르겠고
그런 거 주변의 우리가
작은 복도 누리며 살아갈 수 있기를 바란다.

2023년 6월 3일

수도권을 떠난 지 2년 반쯤 지났다.

연고도 없는 지역으로 이주한 이유에 대해
종종 질문을 받곤 하는데

무엇을 향한 선택인지 보다
그 선택을 같이 할 수 있는 사람이 있다는 게
더 중요한 것 같다.

2024년 XX월 XX일

옥탑방이든 유구리든 우주 끝까지든 함께 낯선 선택을 할 수 있는 사람이 있다는 게 중요하다. 내가 이렇게 선택의 의미를 읊는 사이 끊임없이 다른 선택을 열어젖히는 사람, 이반장이 나에겐 있다. 그리고 그에겐 내가 있다. 서로에겐 오직 그것만 있다. 그래서 둘 다 그 관계가 사라지면 모든 게 무너질 것 같은 상태 안에 있기도 하다. 둘이 함께 한다고 느끼지 않을 때, 서로가 위태로움을 느낀다. 나는 그림을 오랫동안 그리지 않았지만 이런 모습은 큰 도화지에 분명하게 그릴 수 있다. 땅속까지 썩은 세상 위에 몇 개 남지 않은 섬이 뾰족하게 솟아있고 그 위에 우리 둘이 부둥켜안고 있는 모습. 아들아, 너는 다른 섬에서 너의 인연을 찾으렴.

오늘도 어김없이 이반장과 함께 오토바이를 타고 논길을 달리고 산길을 올랐다. 더 정확히는 이반장이 운전을 하고 나는 뒷좌석에서 풍경 구경을 했다. 뱀이 꿈틀대며 길을 건너가는 걸 보며 어제 본 뱀보다 더 큰 것 같다고, 그런 공감을 하며 살아간다. 같이 나이도 먹어가고 영양제도 챙겨 먹는다. 서로의 뱃살을 움켜쥐고 운동 좀

해야 하지 않겠냐고 드러누워 툭툭 건드린다. 그러다 다음 달에는 〈재능낭비 day〉 같은 뭔가를 또 열어 볼까 수다를 떨고 귀봉이가 눈이 참 예뻤다고 예전 사진을 서로 들이민다.

그러다 죽음에 대해서도 말을 꺼내 본다. 거창한 장례 절차는 정말 싫으니 봉우리 보내준 곳에 비슷한 방식으로 나도, 나도 서로 먼저 가겠다고 투닥거린다. 운전을 할 줄 아는 당신, 이반장이 나중에 떠나야 이래저래 수월하지 않겠냐고, 나는 오토바이 뒷좌석에서 운전대를 잡은 이반장에게 말한다.

하지만 당신이 먼저 가도 된다. 나는 오래전부터 사실 그게 더 낫다고 생각하고 있다. 실제로 강한 건 당신이지만 강한 척 하는 걸로 더 오래 살 수 있는 건 나니까. 이것 봐, 당신이 '복많네'도 홍성 집도 거의 다 고치고 이사할 때 힘든 일도 다 하고 강아지들에게 사랑도 더 받지만 책은 내가 쓰고 있잖아.

나에게, 지금이라는 세계를

2023년 7월 6일

서울에서는 많은 게 보이는데
코앞까지 내가 갖지 못한 것들만 보인다.

많은 게 세워져 있지 않은 동네로 오면
내가 멀리까지 볼 수 있다는
그 자체에 안도가 된다.

어디까지 내가 가질 수 있는지보다 더 중요한 게
멀리까지 그려진다.

2023년 7월 25일

조금 먼 옆마을에
폐교가 나왔다길래
구경을 하고 왔다.
우리는 이사 이후에도 다음 세계를 찾아다닌다.

뒷산 포함 7천 평...
다음 생에 도전해 봐야겠다.

2023년 8월 17일

요즘 하는 게
예술인지는 중요하지 않다.

엄마는 전시하면 연락 달라고 하는데
우리는 다른 세계로 넘어가는 연습을
계속 하고 있다.

2023년 8월 30일

공식적인 자리나 지면에서
생활도 가족도 집도 공유하는 게
매번 설레는 일만은 아니다.

하지만 그 외에 말을 거는 방법이
무엇이 있을지 모르겠다는 생각도 들고
여전히 누군가에게 말을 걸고 싶기도 하다.

어쩌면 어느 날 마음을 확 닫아버릴지도 모르지만
아직 열려있는 마음의 미래를
미리 걱정하지는 않으려 한다.

나에게, 지금이라는 세계를

2023년 9월 26일

나를 더 건조하고 정확하게 소개해도
스스로 괜찮겠다는 생각이 이제야 들었다.

'문화예술기획자'라고 적은 명함을 만들었는데
아들의 속 편해 보이는 그림을 넣었다.

이젠 기획이 잠시의 이름을 만들어
나를 따라오게 만들고 싶다.
나는 그보다 먼저,
그리고 계속 이름이 필요 없는 세계를 만날 수 있기를.
내가 만들기도 하고.

말 없는 강아지들이 큰 힌트가 된다.

2023년 9월 28일

가족들과 바닷가에 갔는데
아들이 이름 없는 작품이라며
뭔가를 만들었다.

눈 없는 귀봉이는 해맑게 걸어와
작품을 쓰러트리고 지나갔다.

모두가 귀봉이를 끌어안고
모래를 털어준 후 집으로 돌아왔다.

2023년 11월 10일

가끔 수도권에 오면
10년 전 수업하던 여러 학교 주변을 지난다.

오늘은 방과후 강사를 했던
김포의 중학교 옆을 지났다.

영어 수업에 방해되는 학생,
우울증이 있는 학생,
친구들과 어울리기 어려운 학생 등을 모아
학교에서는 식당에서
"심리미술반"을 진행해달라고 했었다.

사실상 (강사와 함께) 버려진 반이었다는 걸
모르지 않았지만
우린 즐거웠지롱

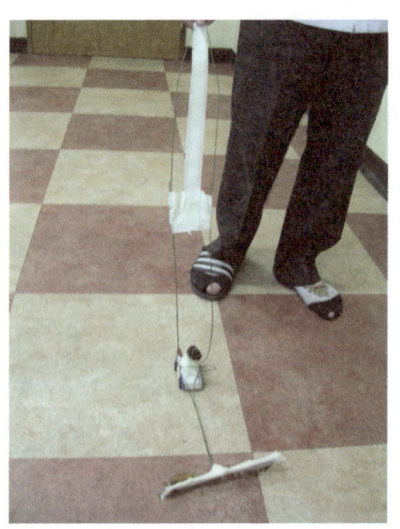

2023년 12월 10일

날카롭게 벼려야
힘 있는 말이 나오지만
그 말에 힘을 주는 것 외에
다른 방법이 없어 보이는 이를 만나는 건
너무 슬프다.

힘 있는 말을 하는 사람보다
편안한 사람을 만나고 싶고
그러면 그 사람의 말을 듣고 싶다.
자신이 소화한 것을 말하는 것일 테니까.

2023년 11월 25

며칠 전 이반장과 명동 한복판에 갔는데
다른 나라 관광객처럼
과자와 물건 구경을 하며
서울도 재밌다고 오랜만에 맞장구를 쳤다.

사방이 다 틀렸다고 투덜대던 예전과
볼거리가 많다고 두리번거리는 지금 사이에
어떤 시간이 있었던 걸까.

우리는 수도권을 떠나던 3년 전을 떠올리며
어쨌든 그러기 잘했다고 또 맞장구를 친다.

나에게, 지금이라는 세계를

2023년 12월 8일

아무래도 '복많관'은 좀 좁아서
슬금슬금 동네 빈 곳을 구경하고 다니다가
오늘 새로운 공간을 월세로 1년만 계약했다.

돈을 쓰며 노는 데에도 명분이 필요하기에
운영 목표를 "재밌게 살면서 감당할 수 있는 적자의
수준 실험하기"로 정했다.

일 끝내고 달려가 짐 정리를 하는데
일단 그것도 재미있다.
이곳의 이름은 '복많관 플러스'

월세는 언제나 삶의 숙제 같은 거였지만
이젠 동기부여의 작은 미션처럼 이용해 보려 한다.

나에게, 지금이라는 세계를

2023년 12월 30일

'복많네'에서 쓰던 난로를
'복많관 플러스'로 옮겨왔다.

난로 주변의 풍경이 바뀌는 이유보다
지금 풍경의 자연스러움이 더 중요하다.
어쨌든 오늘은 6시간째 따뜻하게 노는 중.

다음 풍경은 아무도 모른다.

추임새를 부탁해

나에게, 지금이라는 세계를